청소년을 위한 ESG

청소년을 위한

ESG

지금 우리가 해야 할 최소한의 일

안치용(ESG연구소 소장) 지음

북극곰도 마시는 음료
코카콜라의 최대 고민은?
코로나19에서 사랑받은 해열제
타이레놀의 은밀한 과거?
나이키를 공황으로 몰아넣은
한 장의 축구공 사진!

마인드큐브

[일러두기]

– 영화, 연극, 공연 제목, 책, 정기간행물, 보고서, 논문집은 〈 〉로, 논문은 " "로 표시했다.

– 협약, 법률, 규정, 지침 등은 [ ]로 표시했다.

만일 오늘이 '29일째'라면 …

- ESG자본주의로 지속가능한 미래를 모색한다 -

연못에 수련을 키우고 있다. 그 수련은 하루에 2배씩 면적을 넓혀 나간다. 만약 수련이 자라는 것을 그대로 놔두어 연못을 완전히 뒤덮어 버리면 연못 속의 다른 생물은 모두 질식해 사라져 버린다. 29일째에 수련이 연못의 절반을 덮었다. 연못을 모두 덮기까지 앞으로 며칠이 남았을까?

이 수수께끼의 답은 "단 하루"입니다. 지구의 미래를 일찍이 걱정한 로마클럽이란 서구의 일종의 싱크탱크에서 1972년에 발간한 〈성장의 한계〉라는 보고서에 나오는 이야기입니다. 50년 전에 발간된 이 보고서의 원제는 "성장의 한계, 인류의 위기에 관한 로마 클럽 프로젝트 보고서"입니다. 반세기 전에 한 과학적 시뮬레이션은, 50년이 지난 후에 보니 예측한 추세가 현실과 거의 맞아 들어가고 있습니다. 기후변화 등 위기가 본격화하고 있음을 이제는 누구나 동의하는 상황입니다.

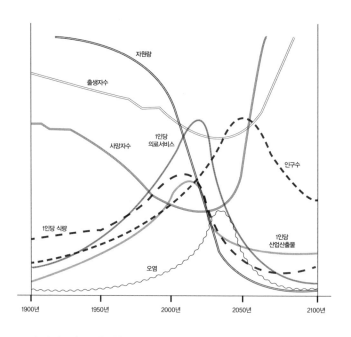

주요 쟁점은, '29일째'라는 게 너무 비관적 진단이 아니냐는 것과 만일 '29일째'라면 인류에게 되돌릴 기회가 있느냐는 것으로 좁혀집니다. 비관적인 이들은 우리에게 앞으로 10년가량이 되돌릴 시간으로 남아있을 뿐이라고 경고합니다. 봉준호 감독의 영화 〈설

국열차)의 배경은 지구온난화 대처에 실패해 역으로 얼음나라로 변한 미래의 어느 시점입니다. 영화적 설정이긴 하나 그런 디스토피아가 아예 불가능한 것은 아닙니다. 반면 에코모더니스트라고도 하는 기술낙관론자들은 과학기술로 언제든 문제를 해결할 수 있다고 믿습니다. 지금이 '29일째'라 하여도 한나절에 연못의 절반을 덮은 수련을 걷어낼 수 있다는 자신감 넘치는 생각입니다.

이렇게 판이한 사태 인식 가운데서 과연 공통의 해법과 행동노선을 찾아낼 수 있을까요. 쉽지 않습니다. 현재의 사회체제와 국제정치를 감안할 때 그것을 찾아내는 시점엔 사태가 돌이킬 수 없게 되어 있을지도 모릅니다.

그렇다고 마냥 넋 놓고 있을 수 없다면, 소극적이지만 무엇을 할 수 있을지를 생각해 보게 됩니다. 만일 요즘 전 세계에서 뜨거운 바람을 불러일으키고 있는 ESG(환경·사회·거버넌스)를 '할 수 있는 것'으로 내어놓으면 많이 부족해 보일까요. 제가 이 책을 쓰긴 했지만, 사실 그렇긴 합니다. 요즈음의 엄중한 상황에 비해 ESG라는 방법론이 너무 유약해 보이고, 더구나 근본적인 해법이 아니라는 데에 동의합니다.

더 강력하고 확실한 방법론이 없지는 않겠으나 다만 구호를 외치는 것과 현실을 바꾸는 것은 완전히 별개라는 게 문제입니다. ESG자본주의로 지속가능한 미래를 모색한다는 이런 발상은, 인류가 만들어놓은 지금 체제에서 그나마 수용될 수 있는 생각일 것이기에 해보자고 주장하게 됩니다.

비관론과 낙관론 중 누가 맞는지를 판단하기 어려운 까닭은 변수가 너무 많기 때문인데, 유의할 것은 변수 중엔 의지라는 핵심 변수가 들어있다는 사실입니다. ESG라는 방법론이 더 나은 미래를 열어줄지가 확실하지 않지만, 인류가 할 수 있는 최소한의 것을 전 세계적으로, 이심전심으로 합의한 게 ESG인 만큼 그 길을 가는 수밖에 달리 길이 없어 보입니다. ESG가 지금으로선 인류의 의지인 셈입니다. 이때 ESG는 할 수 있는 최대가 아니라 최소라는 점이 꼭 기억되어야 합니다.

사람의 웃는 얼굴과 비슷해 '웃는 돌고래'로 불리는 희귀종 민물 돌고래 이라와디 돌고래가 2022년 2월 멸종했다는 소식을 외신을 통해 접했습니다. 몸길이 2.6m에 몸무게 110kg이 나가는 수컷인 마지막 이라와디 돌고래는 25살로 생애를 마감했습니다. 이 책에서 돌고래 이야기를 다루어서인지, 돌고래 한 종의 멸종이 더 애틋하게 느껴졌습니다.

불행히도 우리는 앞으로 더 비극적인 소식을 더 많이 접하게 될 것입니다. 수백 년 축적된 오류를 1~2년에 바로잡을 수는 없으니 어쩔 수 없는 노릇이지요. 할 수 있는 일을 하며 각자가 더 나은 사람, 모든 조직이 더 나은 조직이 되어 가는 원론밖에는 다른 해법이 없습니다.

　언행일치하는지 모르겠으나 구글의 모토는 "올바른 일을 하라 (Do the right thing)"입니다. 구글이 모토를 제대로 실천하기 바라며, 마찬가지로 많은 국가, 기관, 조직, 사람이 올바른 일을 하기를 기원합니다. 코로나19를 넘어서면서 우리가 처할 대내외 여건은 최악의 것일 가능성이 매우 큽니다. 혹자는 지난 50년 동안 한 번도 보지 못한 엄청난 위기가 덮쳐올 것이라고 예상합니다. 그렇다고 하여도 사악해지지 않으며 올바른 일을 하지 않는다면, 위기 이후의 미래는, 설령 잠깐 위기를 넘어섰다고 하여도 더 암담할 것입니다. 지난 50년보다 다가올 50년, 아니 100년 500년이 더 중요하니까요.

　산의 정상에 도달하는 유일한 방법은 발밑의 돌멩이를 넘는 것입니다. 그것도 무수한 돌멩이를 꾸역꾸역 넘어가야 합니다. 정상을 곧바로 넘는 길은 아예 없습니다. 실족하는 것도 산에 걸려서가 아니라 돌멩이에 걸려서입니다. 정상이 있는 방향을 바라보며 돌멩이를 하나씩 넘는 것 말고는 어떤 큰일도 해낼 수 없습니다. 만일 오늘이 '29일째'라면 눈앞의 수련을 걷어내는 것 말고 우리가 할 수 있는 일이 따로 있을까요.

2022년 8월
안치용

차례

서문 만일 오늘이 '29일째'라면 …   5

1장 ESG는 최선이 아니라 최소다   15

그롤라베어' 혹은 '카푸치노베어'의 등장   17

지구온난화와 새 혼혈종의 탄생   23

그롤라베어는 생태계에서 살아남을까   27

ESG, 지금 우리가 해야 할 최소한의 일   30

ESG는 '갑툭튀'가 아니다   35

올바른 일을 하는 것으로 충분할까   41

1장을 마치며   45

2장 ESG경영의 현장   49

볼보에게 안전성 평가의 최종 항목은 무엇인가   51

북극곰도 마시는 음료 코카콜라의 최대 고민은   54

코로나19에서 사랑받은 해열제 타이레놀의 은밀한 과거   61

나이키를 공황으로 몰아넣은 한 장의 축구공 사진   69

구글이 좋은 사회를 위해 한 일   71

유한킴벌리 '우리 강산 푸르게 푸르게'   74

CSV 대표선수 네슬레의 "Do the right thing?"   77

자기 회사 제품을 '디스'하는 파타고니아   82

BT, 푸마, 케링, SK의 공통점은?   91

소비자가 달라지며 나이키와 아디다스에 생긴 일   97

비밀이 하나도 없는 기업의 성공 비밀   104

온실가스 감축은 기업의 의무이자 사업 기회다   110

"일종의 미친 생각"으로 바닷속까지 들어간

   MS의 '탄소 네거티브'   114

지구를 살리고 돈도 버는 CCUS   119

재생에너지를 안정적으로 사용하려는 애플의 노력   126

"포장은 쓰레기다"   130

"거대 기업의 나쁜 점은 모두 가진" 월 마트의 물류혁신   132

2014년부터 인권보고서를 발간하고 있는 유니레버   140

가난한 사람들을 위한 금융 서비스

   그라민은행의 탄생과 마이크로크레딧의 명과 암   142

3장 ESG의 기원과 작동의 사회 메커니즘   167

  ESG의 원조 목사 존 웨슬리와 '3 ALL' 원칙   169

ESG란 용어는 어떻게 출현했나   175

ESG, 민간과 공공 영역 공통의 원칙이 되다   180

소비자는 소비만 하지 않는다, ESG사회의 정치적 주체다   183

K-ESG까지 나왔다   188

4장 지속불가능한 그들만의 '합리적생각'   **195**

사람 목숨을 달러와 맞바꾼 최악의 자동차 '핀토'   197

맬서스적 세상과 신자유주의의 덫   201

'호모 이코노미쿠스', 외부효과, 코즈의 정리   205

근절되지 않는 아동노동 착취,

    직접 하지 않으면 책임이 없는 걸까   216

돌고래를 지키지 못하는 참치통조림, 라벨링이 해답일까   222

전부원가회계의 '공정가격'은 '공정시장'을 필요로 한다   231

전과정평가와 소니의 플레이스테이션 반품 사태   237

5장 지평의 비극을 넘어서   **243**

'인류세' 혹은 호모 사피엔스 KFC 코카콜라의 '닭세'   245

기업에 사회적 책임을 묻다   254

기업시민   260

지속가능발전과 CSR   262

지속가능경영과 사회책임경영   270

지구 차원의 해법이 필요하다   274

기업 밖으로, 세계로,
    책임의 주체와 이행범위를 확장한 ISO26000   277

SDGs의 "Leave no one behind"   282

'지평의 비극'을 넘어서야 한다   289

1장

ESG는
최선이 아니라
최소다

'그롤라베어' 혹은 '카푸치노베어'의 등장

북극에 인접한 인간 거주 지역에 북금곰이 자주 출몰한다는 소식이 전해진다. 북금곰이 북극 지역에서 목격되는 건 특별할 게 없는 현상이지만, 점점 더 북극에서 먼 곳에서 목격되고 있어 북극곰 연구자들을 걱정시키고 있다. BBC 보도에 따르면 2019년 2월엔 북극해에 위치한 러시아의 노바야 제믈랴 섬의 행정 중심지에 무려 52마리의 북극곰이 나타나 일대를 헤집고 다녔다.[1]

북극곰이 자신의 서식지를 떠나 인간이 사는 공간에 침입하게 된 원인이 지구온난화라는 데에 의견이 대체로 모아진다. 세계자연기금(WWF)은 기후변화로 빙하 면적이 줄어들면서 먹이 활동이

[그림 1-1] 2019년 2월 노바야 제믈랴 섬에 침입해 돌아다니는 북극곰 수십 마리
(출처: instagram@muah_irinaelis)

힘들어진 북극곰이 먹이를 찾아 육지로 내려오게 된 것이라고 설명했다.[2] 인간이 초래한 기후위기가 북극곰의 생활터전을 흔들고 있으며 북극 일대 인간의 주거환경에 연쇄적으로 영향을 끼치고 있다.

　내셔널지오그래픽의 탐사팀이 2014년 미국 알래스카 주 카크토빅(Kaktovik)에서 찍은 영상에서도 기후변화로 인해 민가로 내려온 북극곰의 모습을 볼 수 있다.[3] 카크토빅은 미국 알래스카 주 북쪽 해안에 있으며 겨울에는 영하 50℃ 근처까지 떨어지는 알래스카에서 매우 추운 지역 중 한 곳이다. 북극권 미국 국립 야생보호구

청소년이 알아야 할 ESG

[그림 1-2] 2006년 캐나다 야생에서 최초로 발견된 그롤라베어

(출처: Didji Ishalook/Facebook)

역 내에 위치한 카크토빅 마을에는 250여 명의 이누이트 족이 산다. 이들은 고래를 사냥해서 그들에게 필요한 가죽과 지방을 분리한 후 뼈 등 남은 것을 해변에 버린다. 버려진 고래 잔해를 먹기 위해 북극곰이 마을에 내려온다고 주민들은 증언했다.

이 시점에서 8년을 거슬러 올라가 2006년 캐나다에서, 인간에게 사냥당해 죽은 곰이 보통의 북극곰과 생김새가 달라 연구의 대상이 된 사건을 주목할 필요가 있다.[4] 내셔널지오그래픽은 이 곰이 2006년에 처음 발견된 종이며, 캐나다 브리티시컬럼비아 주에 위치한 생명과학 회사 WGI에서 죽은 곰의 DNA를 검사한 결과 암컷 북극곰과 수컷 회색곰 사이에서 태어난 혼혈곰이었다고 전했다. 캐나다 정부 산하 환경부의 야생동물 부서에서 일하는 연구원이언 스털링은 새롭게 발견된 혼혈곰에게 북극곰을 뜻하는 폴라(polar)와 회색곰을 뜻하는 그리즐리(grizzly)를 혼합해 '그롤라베어(Grolar Bear)'라고 이름을 붙였다.

외부 관찰로 그롤라베어는 북극곰과 회색곰 양쪽의 특징을 지닌다. 그롤라베어의 털은 전반적으로 북극곰과 같은 흰색 털이나 다리 등에 회색 털이 섞여 있었다. 몸의 털 모양이 이처럼 라떼에 계피가루를 뿌린 카푸치노와 닮았다고 하여 '카푸치노베어'라고도 한다. 몸의 형태와 덩치는 북극곰과 더 유사하나 얼굴의 생김새는 회색곰을 닮았다.

그롤라베어가 발견됐을 때 미국 FWS(어류 및 야생동물 관리국)의 알래스카 해양포유류 관리 책임자는 새로운 혼혈곰의 발견이 흥미로운 사건이긴 하지만 그 이상의 의미를 지니지 않는다는 반응을 보였다. 그롤라베어와 같은 새로운 혼혈종의 출현이 지구온난화의 결정적인 증거가 된다고 결론 짓기는 아직 이르다는 입장이었다. DNA를 검사한 WGI 또한 어떤 것도 성급히 결론지을 수 없으며 이러한 이종교배가 일회성인지 아니면 장기적으로 일어날 일인지는 향후 추적해야 할 과제라고 덧붙였다.[5]

다시 2014년으로 돌아와서 이때 내셔널지오그래픽 탐사팀이 카크토빅의 고래 뼈 더미에 접근한 목적은 그롤라베어의 등장이 FWS와 WGI의 반응과 달리 우연히 일어난 일이 아님을 증명하기 위해서였다. 그롤라베어 발견 이후 기후변화로 인한 동물의 서식지 이동과 이종교배 사례가 종종 관측되었다. 2010년에는 수컷 북극곰과 암컷 회색곰의 교배종인 '피즐리베어(Pizzly Bear)'가 발견되었다. 같은 해, 미국 NMML(국립 해양포유류 연구소) 소속의 브렌든 켈리 연구팀은 과학잡지 〈네이처〉에 "기후변화로 생태계가 파괴됨에 따라 북극 해양포유류 34개 종이 이종교배가 가능한 환경에 처할 것"이라고 경고했다.[6] 34개 종의 목록에는 일각고래-벨루가, 점박이물범-띠무늬물범 쌍을 비롯하여 북극곰-회색곰 쌍이 포함됐다.

켈리 또한 그롤라베어가 처음 발견된 2006년에는 그롤라베어에 큰 의미를 부여하지 않았다. 하지만 북극에서 탄생한 이종교배종을 연구하면서 기후변화와 이종교배 사이의 연관성이 크다고 확신하게 됐다. 켈리는 "북극의 빙하가 녹으면서 서식지의 벽이 허물어져 이례적인 종 간 교배가 이루어지고 있으며 이것은 생태계 혼란으로 이어질 것"이라고 주장했다.

기후변화와 이종교배 사이의 상관관계에 관한 연구들이 등장하고 기후변화로 북극곰과 회색곰 서식지의 변화가 빨라지자 내셔널지오그래픽 탐사팀은 알래스카 지역에서 그롤라베어를 관찰할 수 있을 것이라 예상하고 원정을 기획했다. 탐사팀은 현지인들을 수소문하여 북극곰과 회색곰이 동시에 마을에 나타난다는 사실을 알아냈다. 또한 그동안 보지 못한 생김새의 곰을 보았다는 증언을 확보하여 추적한 결과, 고래 뼈 더미를 찾아 마을에 내려온 그롤라베어를 포착했다. 그롤라베어가 2006년에 단순히 일회성으로 발견된 것이 아니라 한 생물 종으로서 존재한다는 증거를 찾은 것이다.

지구온난화와
새 혼혈종의 탄생

오래전부터 북극곰은 북극 지역의 북쪽에, 회색곰은 북극 지역의 남쪽에 살았다. 하지만 기후위기로 북극곰의 서식지가 줄어들면서 전통적인 서식지 구분에 변화가 생겼다. NOAA(미국 국립 해양대기청)이 발표한 〈북극성적표 2021(Arctic Report Card 2021)〉에 따르면 북극은 지구의 다른 지역보다 두 배 이상 빠르게 온난화가 진행되고 있다.[7] 북극 빙하의 감소는 기후변화의 가장 상징적인 지표다. 1985년과 비교했을 때 2021년 북극의 해빙 면적은 440만km²에서 129만km²로 크게 줄었을 뿐 아니라 얼음의 두께가 계속해서 얇아지고 있다.[8] NOAA는 미국 NSIDC(국립 빙설자료센터)의 자료를 인용해 북극 해빙 범위가 10년에 평균 13.1%씩 감소하고 있다고 보고했다.

빙하의 넓이가 줄고 두께가 얇아지면서 북극의 해양 생태계는 크나큰 위협에 직면한다. 북극곰은 세계자연보전연맹(IUCN)의 적색목록(Red List)에서 '취약(Vulnerable)' 등급으로 분류되어 있다. 북극곰을 위협하는 가장 큰 원인은 해빙의 손실이다.[9] 지구온난화로 바다 얼음이 줄고, 해빙의 감소로 먹이를 사냥하기 어려워지자 북극곰이 먹이를 찾아 인간이 거주하는 육지로 내려오게 된 것이다. 북극 일대는 육지가 없는 바다(북극해)여서 만일 바닷물이 얼어 해빙으로 존재하지 않으면 북극곰이 그곳에서 살 수 없다. 북극곰이 헤엄을 잘 치기는 하지만, 어류가 아닌 포유류여서 부분적으로 육지의 기능을 수행해주는 얼음이 없이는 살아갈 수가 없다. 가정해서 북극곰이 북극이 아닌 남극, 즉 얼음으로 뒤덮인 남극대륙에 살고 있었다면 지구온난화로부터 받은 타격을 덜 했으리라고 상상해 볼 수 있다. 북극곰의 영어표기 'Polar Bear'는 북극과 남극 모두를 뜻하고, 흰곰 또는 백곰이라고도 하니 이름만으로도 남극이나 다른 곳에 살아도 무방하지만, 북극곰은 북극에서만 살고 있다. 혹은 동물원.

그롤라베어는 북극곰의 남하와 맞물려 회색곰의 북상이 일어나며 탄생한다. 북극 지역에서 상대적으로 남쪽에 살던 회색곰은 온

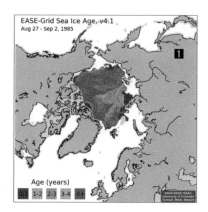

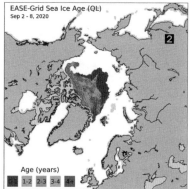

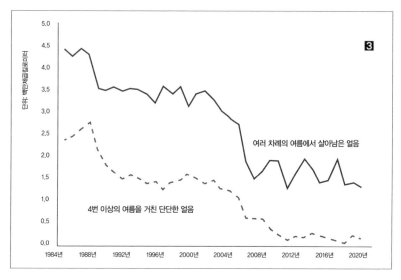

[그림 1-3] **1** 1985년과 **2** 2021년에 관측된 북극의 얼음 면적과 나이 비교자료.
3 형성된 이후로 여러 차례의 여름에서 살아남은 얼음(검정색)이 크게 줄었다.
그 중에서도 4번 이상의 여름을 거친 단단한 얼음의 범위가 크게 줄어
현재 북극해 얼음의 절반 이상은 형성된 지 1년도 안 된 얇은 얼음으로 구성된다.

(출처: 미국 국립 해양대기청)

도가 상승하자 조금 더 북쪽으로 올라갔다. 결국 북극곰과 회색곰
은 일부 영토를 공유하게 되었으며, 교집합 지역에서 두 종이 만나
짝짓기를 하여 그롤라베어가 태어난다.

그롤라베어는
생태계에서 살아남을까

어떤 사람들은 그롤라베어의 등장이 생태계에서 자연스럽게 일어나는 과정이라고 생각한다. 동시에 그롤라베어와 같은 혼혈종은 생태계의 교란을 보여주는 증거다. 지구온난화와 기후위기의 눈에 보이는 징표이기도 하다.

미국 NMML(국립 해양포유류 연구소) 소속의 브렌든 켈리는 생태계에서 일어나는 이종교배가 반드시 나쁜 것이라고 단정할 수는 없다고 말했다. 하지만 너무 빠르게 진행하는 지구온난화와 지구온난화로 인해 전에는 접촉하지 못한 많은 종이 교배할 기회가 생기고 그 결과로 새로운 잡종이 탄생하는 상황은 생태계에 위협이

될 수 있다고 경고했다.[10]

1980년 독특한 생김새를 가진 고래 종이 그린란드의 한 사냥꾼에 의해 발견됐다. 덴마크 자연사 박물관으로 옮겨져 연구한 결과 일각고래와 벨루가의 이종교배에서 탄생한 고래(나루가)라는 사실이 밝혀졌다.[11] 캐나다의 비영리단체 '해양포유류 연구 및 교육 그룹(GREMM, Group for Research and Education on Marine Mammals)'이 2018년에 수집하여 공개한 영상은 혼혈종 '나루가'가 다음에도 발견될 가능성을 보여준다.[12] 영상은 일각고래가 벨루가 무리에서 생활하는 모습을 담았으며 이에 따라 북극의 기후변화로 인해 앞으로 또 다른 '나루가'가 등장할 것이라고 GREMM은 예고했다. 여기서 주목할 점은 혼혈인 '나루가'가 부모에게서 번식에 유리한 이빨 구조를 물려받지 못한 '외교배약세(Outbreeding Depression)'를 보여주었다는 사실이다.[13] '외교배약세'는 생태학적으로 각자의 서식 환경에 맞게 진화한 두 개체군이 교배하여 생태적 적합성이 떨어진 후손을 낳는 현상을 말한다.[14]

그롤라베어도 북극곰의 뛰어난 수영 능력을 온전하게 물려받지는 못했다.[15] 북극곰의 신체 조건은 혹독한 북극 환경에서 생존하는 데 맞춰졌는데, 그롤라베어는 북극곰에 비해 목이 짧아 바다에서 수영하기에 북극곰만큼 최적화하지 않았다.

일부 과학자는 그롤라베어가 각자의 영역에서 진화한 북극곰과 회색곰 각각의 좋은 특징을 조합하여 변화한 환경에 더 잘 적응하는 곰이 될 수도 있다고 한다. 예를 들어, 미국 밴더빌트 대학의 생물학 교수 라리사 데산티스에 따르면 그롤라베어는 더 넓은 범위에서 먹이활동을 할 수 있는 신체적 조건을 가질 수 있다.[16] 혼혈곰이 지구온난화 시대에서는 자연이 내린 어쩔 수 없는 절충안이라는 설명이다. 하지만 켈리는 "급속한 환경 변화로 이전에는 없던, 종 사이의 번식이 일어나는 것은 자연스러운 현상이 아니며 혼혈종이 (환경 변화가 급속하게 진행되고 있어) 생존 특성을 진전시킬 시간이 충분하지 않다는 점에서 위험할 수 있다"라고 말했다.[17] 미국산타 크루즈 캘리포니아 대학 베스 샤피로 교수(진화생물학)는 카크토빅에서 발견된 그롤라베어를 보고 "극심한 기후변화가 생기면 꼭 이중교배가 일어나며 현재 북극에서 발견되는 혼혈종은 극심한 기후변화의 증거"라고 말했다.[18]

새로운 혼혈종의 등장은 비교적 최근에 목격된 현상이기에 그들이 생태계에 미치는 영향을 아직 명확하게 결론지을 수는 없다. 확실한 것은 여러 생명종이 기후변화로부터 영향을 받고 있고 그 영향은 다시 생태계에 영향을 미치며 이 일이 현재 일어나고 있다는 사실이다.

ESG는 환경(Environment), 사회(Social), 지배구조(Governance)의 머리글자를 딴 말로 원래 자본시장에서 사용된 용어다. 자본시장은 기업의 주식을 사고파는 곳, 곧 증시와 거의 비슷한 말이다. 주식에 투자하는 방법은 크게 증권회사를 통해 직접 사거나, 알아서 대신 주식을 사고팔아 주는 펀드에 가입하는 것의 두 가지다. 어느 쪽의 투자이든, 주식을 산 사람의 이익은 '주가 상승＋배당금'으로 구성된다. 투자한 기업(주식을 발행한 곳)에서 영업해서 남긴 이익의 일부를 주주에게 나눠주기도 하는데, 이것을 '배당금*'이라고

---

* 영어로 dividend라고 하는데, divide에서 파생된 말이다. 즉 주주 몫으로 이익을 나눈 것을

한다.

배당금을 주주(투자자)에게 주려면 기업이 이익을 남겨야 한다. 주가 상승은 기업이 이익을 남기는 것과 곧바로 연결되지는 않지만, 주가는 기업의 이익과 거의 같은 방향으로 움직인다. 이익을 많이 남긴 기업의 주가는 특별한 일이 없다면 오르게 된다. 기업이 영업해 남긴 이익을 흔히 '재무성과'라고 한다. 오랫동안 증시에서 투자자는 기업의 재무성과를 보고, 재무성과가 좋은 기업의 주식을 샀다.

ESG시대가 열리면서 투자자는 어느 기업의 재무성과가 뛰어나도 그 이유만으로 그 주식을 사지는 않는다. 잠깐 짚고 넘어갈 것은, 우리나라는 물론 전 세계에서 ESG열풍이 거세게 불고 있다는 점이다. 청소년은 크게 실감하지 못하겠지만, 사회인이 아닌 대학생만 되어도 캠퍼스에서 ESG 바람을 체감할 수 있다. 이 이야기는 나중에 마저 하기로 하고 하던 얘기로 돌아와서 어느 기업이 돈을 많이 벌어도 돈을 벌면서 환경을 오염시키거나, 온실가스를 많이 배출하거나, 오랑우탄 같은 멸종위기 종의 삶의 터전을 빼앗거나, 아동노동을 쓰거나, 정규직과 같은 노동을 시키면서 돈을 적게 주는 비정규직을 특별한 사유 없이 많이 고용하거나, 노동조합을 탄압하거나, 영업과정에서 공무원에 뇌물을 주는 등 재무성과 외

뜻한다.

에서 부당한 일을 하면 투자대상에서 제외한다. 지금 열거한 것들을 흔히 '비(非)재무성과'라고 한다. 비재무성과를 다른 말로 하면 'ESG성과'다.

'사회책임투자(SRI)'는 재무성과와 비재무성과를 함께 고려하는 투자다. ESG는 기업의 비재무성과를 환경·사회·거버넌스로 구체화해 본 것이며 동시에 SRI의 투자결정에서 잣대다. 앞으로 자세히 살펴보겠지만 ESG는 이처럼 자본시장에서 사용된 투자용어였다. 그러나 경제성장 과정에서 계층 간 불평등 확대, 환경오염, 민주주의의 위기, 지구온난화 등 여러 문제가 겹쳐지면서 ESG는 자본시장을 넘어서 사회와 국가 전체를 이끌어갈 핵심 지표로 떠올랐다. 간단히 과거에 수능시험이 '이익'과 관련한 과목으로 구성됐다면, 최근 들어 '이익' 관련 과목의 비중이 급격히 줄어들고 ESG 과목이 많이 늘어났다고 비유로 설명할 수 있다.

ESG 전문가로 이곳저곳 불려다니며 내가 거의 빼놓지 않고 받은 질문은, "이게 언제까지 가는 바람이냐"는 것이다. 즉 ESG가 유행에 불과한 것이 아니냐는 물음이다. 나는 불가역적 변화라고 대답한다. 국어사전에 '불가역(不可逆)'은 "변화를 일으킨 물질이 본디의 상태로 돌아갈 수 없는 일"이라고 되어 있다. ESG열풍은 일시적 유행이 아니라 새로운 시대정신이자, 돌이킬 수 없는 변화의 시작이라는 게 나의 판단이다. BTS가 해체되고 은퇴한 뒤에도 오랫동안 ESG는 유효할 것이다.

앞에서 설명한 대로 자본시장의 투자영역에서 시작된 ESG가 일종의 미러링 방식으로 기업경영에 급속하게 반영되고 있다. 투자 대상 기업을 고를 때 ESG를 평가하니까 기업도 경영에 ESG를 도입하고 있다. 수능과목을 바꾸면 고등학교와 고등학생이 바뀐 과목을 공부할 수밖에 없는 것이나 마찬가지다. 자발적으로 그러는 기업이 있는가 하면 어쩔 수 없이 그러는 기업이 있다. 자본시장에 이어 기업경영에 확산한 ESG는 소비 등 시민생활과 사회적 가치 측정 등 사회 전반으로 2차 확산하는 중이다.

요약하면, ESG투자(자본시장) → ESG경영(경제·산업계) → ESG사회(시장·공공·시민사회)의 흐름이 이미 시작되어 되돌릴 수 없는 형국에 접어들었다. ESG세상은 기후위기, 4차산업혁명, 포스트휴머니즘, 그리고 코로나19로 몸소 체험한 비대면(untact) 등과 함께 올 것이다. ESG세상은 지속불가능한 문명을 배격한, 다른 생명과 모든 인류가 평화롭고 지속가능하게 공존하는 조화와 균형의 거대 공동체다. 여기서 핵심은, 또한 절대 잊지 말아야 할 사항은, 이 공동체가 모든 인간이 인간성을 잃지 않은 세계시민이자 주체로서 공존에 참여하는 공동체여야 한다는 점이다.

만일 ESG가 지나가고 말 유행이라면, 즉 ESG가 BTS보다 단명한다면 그런 공동체는 불가능할 것이고 우리 미래 또한 낙관하기 매우 힘들 것이다. 결국 유행이냐 아니냐는 ESG 자체의 문제가 아니라 우리의 문제다. 우리가 ESG의 아미가 되느냐, 얼마나 강력한 아미를 만들고 유지하고 확산하느냐의 문제다.

ESG란 용어가 제법 확산됐는지 ESG를 처음 접한 사람(주로 중년층)이 농담 삼아 내놓고 하던 "MSG 하고 다른 것이냐"는 질문이 요즘은 쑥 들어갔다. ESG가 환경·사회·거버넌스(지배구조)를 뜻한다는 정도는 일일이 설명하지 않아도 된다.

ESG를 매개로 고등학생까지 포함하여 다양한 집단의 사람을 만나면서 자주 질문을 받고 거의 매번 대답해야 하는 내용은 크게 두 가지다. ESG가 언제까지 갈 것이냐, 즉 ESG가 일과성 유행이냐 아니냐는 질문과 함께 왜 지금 갑자기 ESG가 부상했냐는 질문을 받는다. 전자에 대해서는 간단히 설명했듯이 앞으로 이 흐름은 쭉 갈 것이고, 후자에 대해서는 ESG는 결코 갑자기 부상하지 않았다고 대답한다.

ESG는
'갑툭튀'가 아니다

ESG하면 "환경·사회·거버넌스(지배구조)를 뜻한다"에 이어 이것이 주로 기업의 비재무정보에 해당한다는 설명이 따라온다. 그렇다면 비재무정보를 어디에 쓸까. 여기서 '사회책임투자(SRI)' 또는 '지속가능투자'라는 용어가 등장하게 된다. SRI는, 투자수익률(ROI, Return On Investment)만을 고려한 기존 대부분의 투자와 달리 수익률과 함께 사회책임까지 살펴보겠다는 투자철학이다. 개인이나 기관의 투자를 대행하는 자산운용사 등 금융기업이 투자대상 기업을 고를 때 재무성과와 더불어 비재무성과를 잣대로 채택한 것이 SRI다. 여기까지가 앞에서 설명한 내용이다.

이제 래리 핑크란 사람이 등장할 시점이다. ESG에 관한 설명을 들거나 글을 읽으면 세계 최대 자산운용사 블랙록의 최고경영자(CEO)인 래리 핑크라는 사람이 2020년초 연례서한에서 자기 회사가 ESG투자를 하겠다고 선언한 뒤 세계적으로 ESG 바람이 불었다고 할 것이다.

블랙록과 관련한 곁가지 담화로는 ESG 바람의 원인을 BBC로 설명한다는 이야기가 얼핏 들린다. BBC는 짐작하듯 영국 공영방송이 아니다. 대충 듣기로 BBC의 두 개 B 중 하나가 블랙록(BLACKROCK)이다. 블랙록이 중요하긴 중요한 모양이다. 나머지 B는 바이든(Biden)으로 조 바이든(Joe Biden) 미국 46대 대통령, C는 코로나(Covid)를 뜻한다. 그렇게 생각한다고 누가 뭐라고 할 것은 아닌 재치 있는 발상이긴 하지만, 정색하고 들을 얘기는 아니지 싶다. ESG를 BBC로 설명하는 것과 같은 이러한 '말장난 마케팅'이 ESG 바람의 세기를 보여줄 뿐이다.

'BBC'에서 참고할 건 블랙록이 ESG 열풍에서 매우 중요한 역할을 한 것은 분명하다는 사실이다. 그러나 여기서 다시 확실히 해야 할 것은 블랙록의 CEO 핑크의 선언과 관련하여, 그 선언이 ESG 확산을 일으켰다기보다는 ESG 확산의 화룡점정이 그 선언이라고 봐야 한다. 블랙록의 핑크가 ESG 바람을 촉발한 게 아니라 ESG 바람이 핑크를 ESG 쪽으로 불러냈다는 얘기다. 바람이 얼마나 강력한지 조사 결과 블랙록뿐 아니라 세계 10대 자산운용사 모두 ESG투자를 도입했다. 물론 그 ESG투자라는 것이 알맹이의 변경 없이 그저 포장지 변경에 불과한 것일 수 있다. 설령 포장지만 바꾼 것이라고 해도 의의가 결코 작지 않다.

블랙록의 ESG투자 선언은, 자본주의의 근본적인 변화 가능성까지 내다보게 한다. 자산운용업계가 어떤 곳인가. 자본주의의 최전선에 서서 더 많은 돈을 벌 수 있다면, 말하자면 영혼까지 파는 업종이다. 그곳까지 ESG를 내세운 상황(ESG는 '비재무'다!)은 자본주의 체계의 대대적인 전환 기대마저 품게 한다. 블랙록 선언의 파급력이 큰 것은 블랙록이 굴리는 막대한 자산 때문이다. 블랙록이 운용하는 자산 규모는 대략 8조7000억 달러인데, 이게 얼마나 큰 돈이냐 하면 2021년 한국의 국내총생산(GDP)가 1조8000억 달러라는 것과 비교하면 단박에 알 수 있다. 우리나라 1년 국부의 4배 이상의 돈을 굴리는 곳이 블랙록이다. 단순 비교할 수는 없지만, 어림짐작을 위해 비교해 보면 GDP가 블랙록의 운용자산보다 큰 나라는 세계에서 미국과 중국밖에 없다.

그러나 그렇다고 우리가 블랙록의 덩치에 현혹돼서는 안 된다. 블랙록을 선두로 한 세계 자산운용업계의 ESG투자 고려는 비유로서 말하면 ESG 흐름에서 빙산의 일각에 불과하다. 반복해서 말하면 자산운용업계의 변화가 ESG 흐름을 만든 게 아니라 ESG의 도

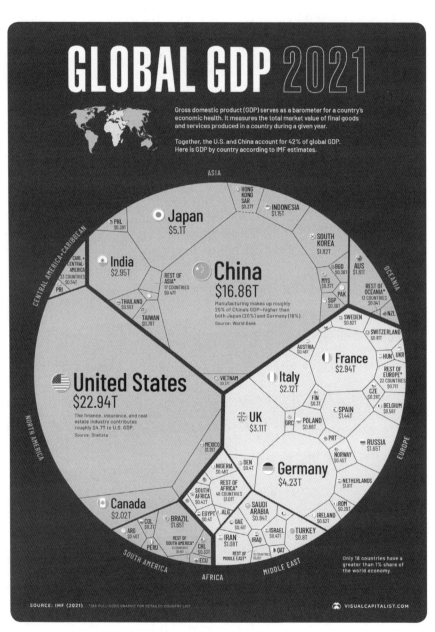

[그림 1-4] 2021년 세계 GDP

청소년이 알아야 할 ESG

도한 흐름이 자산운용업계의 변화를 만들었다. 빙산의 일각은 떠오르고 싶어서 떠오른 게 아니라 그 아래 거대한 빙하가 존재하기에 어쩔 수 없이 떠올랐다.

그 말은 ESG가 갑자기 툭 튀어나온 게 아니라는 뜻이다. 18세기 감리교 목사 존 웨슬리까지 올라가는 SRI의 깊은 뿌리, 2차세계대전 이후 본격화한 '기업의 사회적 책임(CSR)' 논의 등 지속불가능한 우리 문명에 대한 반성과 대안 모색 움직임이 축적되어 마침내 ESG로 분출했다고 봐야 한다. 즉 ESG열풍은 일시적 유행이 아니라 새로운 시대정신이자, 돌이킬 수 없는 변화의 시작이다.

다시 한번 강조할 것은, ESG란 용어 자체는 살펴본 대로 자본시장, 그것도 투자와 관련된 것이지만 시대정신의 변화 과정에서 떠오른 빙산의 일각을 포함한 ESG라는 거대한 빙산은 자본시장 범위를 훌쩍 넘어선다. ESG투자(자본시장) → ESG경영(경제·산업계) → ESG사회(시장·공공·시민사회)로 빠르게 ESG가 넘쳐 흐르고 있다. 이 추세를 되돌리기는 거의 불가능하다. 더 나은 세상을 향한 '가치' 에너지가 기업의 사회적 책임(CSR), 사회책임경영과 지속가능경영, 사회책임에 관한 국제 가이드라인(ISO26000), 지속가능발전목표(SDGs), 파리기후협약 등으로 이어지며 오랫동안 쌓이는 가운데 기후위기가 심각한 국면에 도달했고, 여기에 코로나19로 비대면 사회가 도래하고 4차산업혁명의 파도까지 덮치면서 ESG시대라는 불가피하고 불가역적인 변화가 나타났다. ESG는 환경·사회·지배구조를 포괄한 개념이지만, 핵심은 지구온난화와 기후위기로 대표되는 '환경(E)'이다. 맨 앞에 지구온난화로 인한 북극의 얼음 감소와 그롤라베어 이야기를 통해 북극곰의 멸종 위기를 논한 이유다. 그러나 기후위기를 극복한다고 더 나은 세상이 저절로 오는 것은 아니다. 기후위기 극복은 ESG의 핵심과제이지만 더 나은 세상을 위한 최소한이다. 기후위기 극복과 함께 ESG 전반의 문제를 두루 해결하고 ESG가 주는 통찰을 널리 실천함으로써 더 나은 세상이 가능해진다.

올바른 일을 하는 것으로
충분할까

널리 인용되는 "사악해지지 말 것(Don't be evil)"은 구글 기업행 동강령을 대표하는 문장이다. 행동강령의 서문에 포함되어 구글의 급훈이나 교훈처럼 사용됐다. 대략 2000년 무렵 사용되기 시작한 "Don't be evil"은 기업의 행동강령치고는 사실 파격적인 문장이 었다.

구글의 기업 구조가 변하면서 "Don't be evil"의 중요도가 떨어 진다. 구글이, 어머니 회사 격인 알파벳의 아들 회사(자회사)가 되 면서다. 보통은 어머니가 자식을 낳지만, 구글과 알파벳의 관계는 아들이 어머니를 만든 사례다. 아무튼 아들 회사가 된 구글이 어머니 회사인 알파벳과 기업행동강령을 같이 쓰면서 2015년부터 "Don't be evil"은 "올바른 일을 하라(Do the right thing)"로 바뀐다. 정확하게는 서문에서 자취를 감추고 강령의 마지막으로 자리를 옮겼으니 "Don't be evil"의 삭제가 아니라 '격하'라고 해야겠다. 그러나 내용상으로는 삭제에 해당한다며 이것이 구글의 기업 철학의 변화를 뜻하는 것이 아니냐고 의견이 분분했다.

"Do the right thing"이 더 진취적이라고 볼 수도 있기에 왜 의견이 분분했는지 이해가 가지 않는 사람이 있을 법하다. "Don't be evil"이 "하지 말라(Don't)"는 '네거티브[-]'인 반면 "Do the right thing"은 "하라(Do)"는 '포지티브[+]'이며 "Do the right thing"과 함께 사용되는 "상상할 수 없는 것을 상상하라(Imagine the unimaginable)"는 모토 또한 '포지티브'다.

얼핏 '포지티브'가 긍정적이긴 하지만 그렇다고 '네거티브'보다 꼭 더 나은 것이라고 말하기는 힘들다. 복잡한 논의가 될 것이기에 요약하면 "Don't be evil" 없는 "Do the right thing"은 사악해지면서(Be evil) 돈 버는 걸 정당화할 가능성을 남긴다. "Don't be evil"은 일종의 윤리적 준칙이다. 올바른 일을 하면서 사악해지는 사례는 생각보다 많다. 이런 관점에서 "Do the right thing"은 "Don't be evil"에 비해 윤리적 퇴행이다.

그것만으로 훌륭한데, 너무 가혹하고 너무 엄격한 잣대를 들이

대는 것이 아니냐고? 더 엄격해져도 좋다. ESG에 대해 세상을 구할 방법론인 양 추앙하는 분위기가 있긴 하지만, 그것은 과도한 평가다. 사실 ESG라는 것에 모호한 성격이 존재하고, 현재의 엄중한 상황에 비추어 너무 미진한 방법론이자 근본적인 해법은 아니라는 지적에도 귀를 기울여야 한다. ESG로 자본주의를 개선해 지속가능한 미래를 모색한다는 발상은, 엄중한 상황에 전혀 부합하지 않는다. ESG는 문제의 목록이자 해법의 목록인데, 그것을 어떻게 정의하느냐에 따라 달라질 수 있지만 현재 논의되는 ESG는 솔직히 말해서 "Don't be evil"보다는 대체로 "Do the right thing"에 가깝다. 하지만 우리 인류가 만들어놓은 현 체제는, 더 혁신적이고 근본적인 변화를 받아들일 수 없기에 현실적으로 'ESG자본주의를 중심으로 한 지속가능사회'가 그나마 다수에게 수용되어 실현될 방법론일 것이다. 지구온난화와 관련하여 인류가 정한 지구표면의 평균온도 상승 제한 목표는 산업화 이전 대비 1.5℃다. 파리기후협약에서 애초에 정한 목표는 2℃였다.

이상적인 해법은 2℃도 1.5℃도 아니고 그 아래일 것이다. 그러나 지금으로선 1.5℃는커녕 2℃란 목표도 달성하기 어려워 보인다. 앞으로 자세히 살펴보겠지만, 그 이유로는 '지평의 비극(289쪽)'과 세계정부 없이 세계적 위기에 대처해야 하는 어려움을 들 수 있다.

ESG는 '갑툭튀'가 아니고 새로운 세상을 초대할 시대정신인 것은 맞다. 동시에 기후위기로 대표되는 현재의 엄중한 사태에 비추어 ESG가 안이한 해법인 것이 사실이다. 그레타 툰베리 같은 이들이 주장하는 것과 같은 전면적이고 아주 근본적인 개혁의 길이 최선이지만, 현재 세계체제로는 짧은 시간 내에 그 길로 가는 입구가 열릴 것 같지 않다. 열리지 않은 입구 앞에서 문을 열라고 소리치고 있는 것이 최선일까, 아니면 빠른 길이 아니어도 일단 길을 가야할까. 다른 방법론이 현실적으로 불가능하다면, 아쉬운 대로 우리는 우리가 할 수 있는 일을 하는 수밖에 없다. 그 일이 ESG다. 우리 사회가, 인류 문명이 지금 행해야 하는 정말 최소한의 일이다. 그러므로 ESG를 두고 "Do the right thing"의 만족을 느끼기보다는 "Don't be evil"의 경각심을 느끼면서 'ESG자본주의를 중심으로 한 지속가능사회'를 모색하는 게 현명하고 양심적인 태도다.

1장에서 ESG 열풍은 일시적 유행이 아니라 새로운 시대정신이자, 돌이킬 수 없는 변화의 시작이라는 생각을 함께 나누었다. ESG 투자(자본시장) → ESG경영(경제·산업계) → ESG사회(시장·공공·시민사회)의 흐름 또한 살펴보았다.

더 나은 세상을 향한 '가치' 에너지가 오랫동안 쌓이는 가운데 기후위기가 본격적으로 대두했고, 여기에 코로나19로 예상치 못한 비대면 사회를 경험하고 4차산업혁명의 거센 파도까지 덮치면서 ESG시대는 피할 수 없고 또 되돌릴 수 없는 변화를 만드는 중이다. 자본시장과 기업경영을 넘어서 사회 전 분야의 변화를 만들어 낼 시대의 확고한 전환점으로 ESG를 받아들여야 한다고 믿는다. 다른 사회는 이미 시작되었고, 가능하다.

2장에서는 ESG투자, ESG경영, ESG사회 중에서 가장 눈에 띄는 변화를 만들어내고 있는 ESG경영의 현장을 돌아본다. ESG투자의 역사가 훨씬 깊지만 자본시장보다는 기업경영 현장이 일반인에게 더 친숙한데다 그곳에서 더 역동적이고 흥미로운 변화가 만들어지고 있다. 기업이 시민보다 더 착해서가 아니라 더 절박하기 때문에 일어난 현상이다. 체계적인 분류를 따르기보다는 사례 중심으로 큰 얼개 하에서 기업 ESG경영의 현장을 살펴보고자 한다.

1장 미주

1 BBC(2019), 'Russia islands emergency over polar 'bear invasion'' https://www.bbc.com/news/world-europe-47185112

2 World Wide Fund for Nature의 News 자료(2019), 'WWF: EXPERTS WILL CLARIFY THE SITUATION WITH POLAR BEARS ON NOVAYA ZEMLYA ARCHIPELAGO' https://wwf.ru/en/resources/news/arctic/wwf-ekspertam-predstoit-proyasnit-situatsiyu-s-belymi-medvedyami-na-novoy-zemle/

3 내셔널지오그래픽-National Geographic Korea Youtube 채널 영상 (2021), '기후변화가 만든 북극곰과 회색곰의 혼혈종 '슈퍼곰'', '북극곰과 회색곰의 특징을 모두 가진 혼혈종의 흔적', '북극곰의 털색에 회색곰의 얼굴을 한 혼혈종의 발견!'

4 OHN ROACH(2006), 'Grizzly-Polar Bear Hybrid Found-But What Does It Mean?', 〈National Geographic〉 News, https://www.nationalgeographic.com/animals/article/grizzly-polar-bear-hybrid-animals

5 JOHN ROACH(2006), 'Grizzly-Polar Bear Hybrid Found-But What Does It Mean?', 〈National Geographic〉 News, https://www.nationalgeographic.com/animals/article/grizzly-polar-bear-hybrid-animals

6 Brendan P. Kelly, Andrew Whiteley & David Tallmon(2010), 'The Arctic melting pot', 〈Nature〉, https://www.nature.com/articles/468891a

7 National Oceanic and Atmospheric Administration(2021), 'Arctic Report Card 2021', https://arctic.noaa.gov/Report-Card/Report-Card-2021

8 National Snow and Ice Data Center(2021), 'A step in our spring', Artic Sea Ice News & Analysis, http://nsidc.org/arcticseaicenews/2021/05/

9   International Union for Conservation of Nature, IUCN Red List of Threatened Species 홈페이지, https://www.iucnredlist.org/

10 Brendan P. Kelly, Andrew Whiteley & David Tallmon(2010), 'The Arctic melting pot', 〈Nature〉, https://www.nature.com/articles/468891a

11 Natural History Museum of Denmark of UNIVERSITY OF COPENHAGEN(2019), 'Danish researchers confirm that narwhals and belugas can interbreed', News, https://snm.ku.dk/english/news/all_news/2019/danish-researchers-confirm-that-narwhals-and-belugas-can-interbreed/

12 GREMM의 Whales Online(2018), 'WITH THE BELUGAS… AND A NARWHAL!', https://baleinesendirect.org/en/with-the-belugas-and-a-narwhal/

13 Brendan P. Kelly, Andrew Whiteley & David Tallmon(2010), 'The Arctic melting pot', 〈Nature〉, https://www.nature.com/articles/468891a

14 Encyclopedia of Biodiversity(2007)

15 Brendan P. Kelly, Andrew Whiteley & David Tallmon(2010), 'The Arctic melting pot', 〈Nature〉, https://www.nature.com/articles/468891a

16 Ben Turner (2021), "Pizzly' bear hybrids are spreading across the Arctic thanks to climate change', https://www.livescience.com/pizzly-bear-hybrids-created-by-climate-crisis.html

17 Eva Holland(2018), 'MEET THE GROLAR BEAR', Pacific Standard, https://psmag.com/environment/the-grolar-bear-is-just-the-first-of-many-inter-species-hybrids-coming-to-the-arctic

18 내셔널지오그래픽-National Geographic Korea Youtube 채널 영상 (2021), '북극곰의 털색에 회색곰의 얼굴을 한 혼혈종의 발견!'

ESG경영의
현장

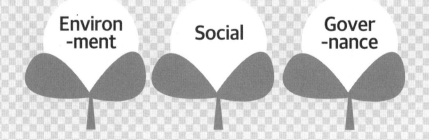

볼보에게 안전성 평가의
최종 항목은 무엇인가

[그림 2-1] 볼보의 자동차 광고 (출처: Volvo Car USA 유튜브 채널)

"기후변화는 최종적인 안전성 평가(항목)입니다."

(Climate change is the ultimate safety test.)

세계 자동차 업계에서 안전의 대명사를 자임하는 볼보 자동차의 광고 중에 등장한 말이다. 안전성은 기후변화와 나란히 놓인다. 광고의 영상에서 남극의 빙하가 무너져 내리는 모습을 보여주며 "이것이 볼보가 전기차 회사로 전환하는 이유입니다"라는 메시지가 나온다. 오랫동안 환경문제에 기민하게 대응한 볼보의 경영철학을 보여준 '기후위기 버전' 광고인 셈이다.

볼보는 1972년 스웨덴 스톡홀름에서 열린 유엔 인간환경회의에서 처음으로 회사 차원의 환경선언을 했다. 당시 최고경영자(CEO) 페어 G. 길렌하마르(Pehr G. Gyllenhammar)는 자사의 제품이 환경에 부정적인 영향을 끼쳤다는 사실을 인정하면서 이 문제를 해결하기 위한 행동에 나서겠다고 발표했다.

1976년 람다센서가 있는 삼원 촉매 장치를 발명해 유해한 배기가스를 최대 90%까지 줄인 것은 스톡홀름 '약속' 이행의 대표 사례로 꼽힌다. 이것은 배기가스 제어에 있어 가장 중요한 혁신 중 하나로 지금까지 모든 현대 가솔린 자동차의 필수 부품이다.

1991년 세계 최초로 프레온가스(CFC)를 사용하지 않는 자동차를 출시했고 1993년에 전체 제품라인에서 프레온가스 사용 자동차를 퇴출했다. 1996년에는 볼보에 부품 등을 납품하는 공급업체에 대한 환경 관련 요구사항을 마련하기 시작했고, 2008년부터는 생산활동이 환경에 미치는 영향을 줄이기 위해, 유럽 소재 제조 시설에서는 수력발전에서 얻어지는 전기만 사용하고 있다.

2025년까지 기후 중립 제조·운영을 달성하겠다는 볼보의 비전으로 향하는 과정에서 2018년 스웨덴의 셰브데(Skövde) 공장을 볼보의 글로벌 제조 네트워크에서 최초로 기후 중립을 달성한 공장으로 만드는 데 성공했다. 적어도 이 공장은 2018년부터는 지구온난화와 무관하다는 뜻이다.

1926년 스웨덴의 혹독한 환경에서도 쌩쌩 달릴 수 있는 자동차를 목표로 창업한 볼보는 안전의 대명사에서 이제 지구의 안전에도 관심을 기울이는 자동차로 빠르게 변신하고 있다. 이러한 변신이 볼보가 '선한 기업'임을 보여주는 징표일 수 있지만, 그보다는 '유능한 기업'이란 징표에 더 가깝다. 유능함이 선함을 보여주는 시대다.

북극곰도 마시는 음료 코카콜라의 최대 고민은

가장 유명한 다국적 기업이자 대표상품이 음료인 코카콜라는 수
자원 보호를 중심으로 환경경영을 펼치고 있다. 전통적으로 사회
공헌이라고 말하는 영역과 살짝 겹친다. 코카콜라는 2004년부터
물 자원 보호, 에너지 관리 및 기후변화 대응, 지속가능 용기 개발
및 재활용 분야에서 글로벌 목표치를 설정하고 꾸준히 개선하고
있다.

코카콜라는 2004년 회사의 글로벌 물 관리 시스템을 통해 물 자
원의 효율성 관련 진행 상황을 보고하기 시작했다. 같은 해 '글로
벌 환경과 기술 재단(Global Environment & Technology Foundation)'과

글로벌 물 관리 프로그램 및 전략과 관련한 제휴를 맺었다. 코카콜라는 또 코카콜라재단 및 미국 국제개발처(USAID)와 함께 '물 개발 협력기구(Water Development Alliance)'를 만들었다. 2005년에는 '도시 빈민을 위한 물과 위생(Water and Sanitation for the Urban Poor)'과 파트너십을 맺었다.

이런 일련의 과정을 거쳐 제품 생산에 사용된 물을 사회와 지구에 돌려주는 '물 환원 프로젝트'를 2007년에 시작했다. 2020년까지 사용한 물의 100%를 돌려주겠다는 목표는 5년 앞선 2015년에 달성됐다. 그해 100%를 넘어 115%를 환원한 코카콜라는 〈포춘〉이 선정한 500대 기업 중 물 환원 목표를 달성한 최초의 기업이 되었다. 2015년 코카콜라가 환원한 물은 1919억 리터이며 2020년엔 목표치의 170%에 해당하는 2778억 리터를 환원했다.

코카콜라에서 사용하는 용수는 제품 원료로 사용되는 '제품수'와 제품 제조를 위해 사용되는 '공정수'로 나뉜다. 공정수는 폐수 처리 과정을 거쳐 모두 자연으로 환원되기 때문에 제품수를 기준으로 환원량을 측정한다. 물 환원 프로젝트는 전 세계 70여 개국, 2000여 개 지역사회에서 진행된다.

환원 방식은 크게 세 가지로 나뉜다.

① 우물이나 수도 시설, 정화 시스템 등을 만들어 사람들에게 '깨끗한 물'을 제공하는 방식

② 지역 주민의 삶의 터전인 '유역(流域)'을 보호하고 복원하는 방식

③ 빗물이나 생활하수처럼 아깝게 버려지는 물을 '재활용'하여 농업 등 필
   요한 곳에 공급하는 방식

코카콜라의 물 환원은 또한 네 가지 원칙에 따라 진행된다.

① 지역사회에 직접적인 혜택을 줄 것

② 더 많은 사람과 생태계에 더 큰 영향력을 미칠 것

③ 비슷한 문제가 있는 다른 지역에서 쉽게 배워 따라 할 수 있게 할 것

④ 시간이 흘러도 지역사회에 계속 물을 환원할 수 있을 것

코카콜라의 전 세계 800여 개 보틀링 공장은 공장이 위치한 지
역사회의 구성원이 물을 사용하는 데 어려움을 겪고 있지 않은지
를 반드시 조사해야 한다. 만약 깨끗한 물 사용이 쉽지 않다거나
지속적인 물 공급이 어렵다면, 각 공장은 가이드라인에 맞게 '상수
원 보호계획'을 마련하여 시행해야 한다. 물 환원 프로젝트를 여러
지역에서 효율적으로 추진하기 위해 유엔개발계획(UNDP)·워터에
이드(WaterAid)·세계자연기금(WWF)·월드비전 등 정부, 시민단체,
민간기구와 약 900여 개 이상의 긴밀한 파트너십을 구축했다.

이러한 파트너십을 통해 세계 전역에서 약 1350만 명이 깨끗한

[그림 2-2] 코카콜라의 RAIN 프로그램으로 깨끗한 식수를 이용하는 케냐의 마을 주민들

(출처: 코카콜라)

물을 이용할 수 있게 됐다고 코카콜라는 밝혔다. 이 숫자는 객관적인 외부 전문기관의 검증을 받아서 계산한 것이다.

코카콜라의 물 환원 프로젝트 중 가장 성공적인 사례로는 코카콜라 아프리카재단이 2009년부터 진행한 RAIN(Replenish Africa Initiative)이 꼽힌다. 탄자니아, 르완다, 에티오피아, 가나 등 아프리카의 다양한 지역사회에 깨끗한 식수를 공급하고, 위생 환경을 개선하는 이 사업은 2020년까지 600만 명에게 혜택을 제공하기로 목표를 설정했고, 달성했다.

RAIN 시행 전과 후 아프리카 해당 지역 아이들과 주민들의 삶은 달라졌다. 멀리 떨어진 강에서 물을 길어오기 위해 새벽 4시에 일어나야 했던 아이들은 학교에 가지 못하거나, 피곤한 탓에 수업에 집중하지 못했다. 마을 주민 전체가 설사에 시달렸는가 하면, 물을 두고 이웃 마을과 갈등을 빚었다. 그러나 깨끗한 식수가 공급된 뒤로 아이들은 학교에 정시에 등교할 수 있게 됐고, 물을 두고 지역 주민끼리 더는 다투지 않게 되었다. RAIN이 아프리카인 600만 명(2020년 말 기준)에게 안전한 식수를 제공함으로써 아프리카 41개국 4000개가 넘는 지역사회의 위생 환경이 개선되었다.

그럼에도 코카콜라에는 업종 특성에서 기인하는 악명이 따라다닌다. '물 환원 프로젝트' 또한 업종 특성에 착안한 환경경영 및 사회공헌의 성공 사례지만 코카콜라를 상징하다시피 된 코카콜라의 용기 문제는 이 회사의 최대 고민거리이자, 인류의 고민거리다. 예를 들어 2021년 환경단체 '브레이크 프리 프롬 플라스틱(Break Free From Plastic)'은 세계 1위 플라스틱 오염 유발기업에 4년 연속 코카콜라를 선정했다.

플라스틱 쓰레기 최대 배출 기업이라는 오명을 벗어버리기 위한 노력으로 코카콜라는 재활용 플라스틱 용기의 도입이라는 목표를 세워 추진 중이다. 2018년 코카콜라가 발표한 '쓰레기 없는 세상(World without Waste)' 비전을 통해 2030년까지 자사 제품 용기의 50% 이상을 재활용 재료로 만들고 모든 제품 용기를 100% 재활용하겠다는 목표를 세웠다. 코카콜라는 덴마크 종이 용기 개발 회사인 '파보코(Paboco)'와 함께 종이 콜라병(아데스병)을 개발하여 헝가리에서 판매하고 있다. 종이병은 일종의 마케팅상 혹은 시험 차원의 시도이고 코카콜라는 플라스틱 재활용과 플라스틱 원료 개선에 더 집중하고 있다.

코카콜라는 2021년 10월 100% 재활용 플라스틱 병에 담긴 콜라를 출시했다. 코카콜라가 사용한 100% '재활용 플라스틱(rPET)' 병은 폐 플라스틱(PET)을 수거해 세척 후 다시 녹여 새로 만든 병이다. 뚜껑과 라벨이 제외됐지만, 2021년 11월 한국에서는 라벨이 없는 '라벨 프리' 코카콜라병이 세계 200여 개 판매국 중 최초로 상품 진열대에 올랐다.

[그림 2-3] 코카콜라의 종이 콜라병(아데스병)

(출처: 코카콜라)

2021년 100% 식물성 플라스틱으로 된 음료병 개발은, 2009년 식물성 재료(사탕수수에서 추출된 MEG)를 최대 30% 쓴 플랜트바틀을 만든 지 10여 년 만이다. 2018년 기준으로 그해 600억 개 이상 사용된 30% 식물성 재료의 플랜트바틀은 43만 톤의 이산화탄소 배출을 줄였다.[1]

세계에서 가장 많이 재활용되는 플라스틱인 PET는 모노에틸렌글리콜(MEG·30%)과 테레프탈산(PTA·70%) 두 가지 성분으로 구성된다. 100% 식물성의 플랜트보틀은 사탕수수에서 추출한 MEG 30%, 옥수수에서 얻은 설탕에서 추출한 식물성 고순도 테레프탈산(bPTA) 70%로 구성됐다. 외관과 기능, 재활용 모두 기존의 PET와 동일하다.

코로나19에서 사랑받은 해열제 타이레놀의 은밀한 과거

　1982년 9월 29일 미국 시카고에서 존슨앤존슨의 대표 상품인 캡슐형 타이레놀 'Extra-Strength Tylenol' 제품에 들어간 독극물(청산가리) 때문에 사망 사고가 일어나 10월 1일까지 며칠 사이에 타이레놀을 복용한 시민 7명이 숨졌다.[2] 사고 직후, 타이레놀의 시장점유율은 35.5%에서 7%로 큰 폭으로 떨어졌다.[3] 주가 역시 사건 발생 후 9일만에 약 29%인 23억 달러나 하락했다.[4, 5]

　존슨앤존슨은 연방수사국(FBI), 시카고 경찰, 식품의약국(FDA)과 공조하여 사건에 대처했다. 범인이나 사건에 관한 정보를 제공하는 사람에게 10만 달러의 현상금을 걸었다.[6] 조사 결과 문제의

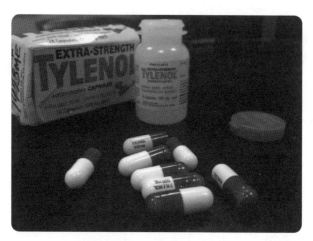

[그림 2-4] 타이레놀 캡슐과 포장병

캡슐은 펜실베니아와 텍사스의 두 곳에서 제조됐으며, 매장의 판매용 선반에 제품이 진열된 후 캡슐이 변조되었음이 밝혀졌다.[7]

　사건 발생 이후 존슨앤존슨은 흔히 위기에 처한 기업이 그러듯 해명이나 변명을 일삼지 않았고, 사건의 진상이 다 드러나기도 전에 아는 대로 해당 사실을 알리는 선제 조치에 나섰다.[8] 존슨앤존슨의 자회사이자 타이레놀 제조회사인 맥네일사(McNeil Consumer Products)는 사건 발생 다음날인 9월 30일 제조번호(로트번호) MC2880 타이레놀 캡슐 9만3000병(470만 캡슐)과 제조번호 1910MD 17만1000병(850만 캡슐)의 리콜을 발표했다. 제임스 버크 회장은 타이레놀 캡슐 생산라인을 즉시 폐쇄하고, 타이레놀 광고를 중지했고[9, 10] 사건 발생 일주일 만에 전국 모든 매장의 'Extra-Strength Tylenol' 제품 회수 조치에 들어갔다. 맥네일사의 경영진은 ABC 방송사의 나이트라인 등 뉴스 프로그램에 출연하여 타이레놀 제품의 변조방지 포장재가 마련될 때까지 타이레놀 캡슐의 제조 및 판매를 금지하겠다고 약속했다. 동시에 모든 캡슐 형태의 타이레놀 제품을 정제형으로 교환해 주겠다고 제안했다. 당시 미국 전역에 배포되었다고 추정된 2200만 병은 그때 시가로 약 8000만 달러어치였다. 이후 실제로 존슨앤존슨이 회수한 타이레놀은 3100만 병으로 폐기에 들어간 비용은 1억 달러를 훌쩍 넘어섰다.[11]

이 사건 이전에 존슨앤존슨은 외부에 나서거나 미디어의 뉴스거리가 되는 것을 되도록 삼가는 홍보전략을 취했다.[12] 그러나 사건이 발생하자 언론 취재에 적극적으로 협조하며 실시간으로 관련 정보를 제공했다. 존슨앤존슨은 즉각 최고경영자(CEO)인 버크 회장을 비롯하여 임원진 7명으로 위기대응팀을 구성했다.

당시엔 요즘과 달리 특별한 위기관리 안내서가 없었기에 존슨앤존슨은 의사결정 과정에서 회사의 철학이 담긴 '우리의 신조(Our Credo)'를 기준으로 삼았다.[13] '우리의 신조'는 "우리의 첫 번째 책임은 환자, 의사, 간호사와 아버지와 어머니들, 그리고 우리의 상품과 서비스를 사용하는 모든 사람에 대한 것이라고 믿는다"는 문장으로 시작한다.[14, 15] 존슨앤존슨의 창립 멤버이자 1932~1963년 회장을 지낸 로버트 우드 존슨이 1943년에 '우리의 신조'를 직접 만들었다. 존슨앤존슨의 '신조(Credo)'는 사회에서 기업의 사회적 책임(CSR)이라는 개념이 통용되기 전에 스스로 책임을 정의한 사례로 언급된다. '신조'는 소비자에 대한 책임을 시작으로 비즈니스 파트너, 직원, 지역사회에 대한 기업의 책임을 명시하고 마지막으로 주주에 대한 책임으로 끝난다.

'우리의 신조'에 근거해 존슨앤존슨은 핫라인을 설치해 언론과 소비자의 질문에 일일이 답하면서 제공할 수 있는 모든 정보를 신속하게 전달했다.[16] 언론과 긴밀한 공조 체제를 구축해 소비자가 추가적인 위험에 노출되지 않도록 노력했다. 실제로 존슨앤존슨이 사건 발생 후 바로 모든 캡슐을 수거한 덕에 추가적인 인명피해를 막았다. 수거한 캡슐을 검사한 결과 독극물이 함유된 타이레놀(캡슐)을 75개 발견했다.

사태가 진정되고 난 후 비슷한 사태를 방지하기 위해 새로운 포장재 개발에 나섰다. FDA와 협력하여 1982년 11월 11일 존슨앤존슨은 타이레놀 소매 판매용으로 변조방지 포장재(병)를 새로 출시했다. 새로운 포장재는 3중 밀봉의 변조방지 병이었다. 또한 소비자가 집에 보유한 타이레놀 캡슐을 가져오면 무료로 아무런 조건 없이 신제품으로 교체해 주었다.

존슨앤존슨의 변조방지 포장재 개발은 1년 후 미국 의회에서 식품 및 의약품 포장을 변조하는 것을 연방 범죄로 규정하는 '타이레놀 법안(Tylenol Bill, 1983년)' 통과를 이끌었다. 이에 따라 식품 및 의약품 포장의 변조를 시도한 사람은 최소 2만5000 달러에서 최대 10만 달러의 벌금과 최대 10년의 징역, 상해 피해자 발생 시 최대 20년의 징역, 사망 피해자 발생 시에는 최대 무기징역에 처하게 됐다.[17]

당시 존슨앤존슨의 철저한 대처는 좋은 평가로 이어졌다. 사건을 은폐하고 무마하기보다는 정직하게 그리고 적기에 발 빠르게 대응함으로써 대중과 언론의 신뢰를 회복하는 데 성공했다. 타이레놀의 진통제 시장점유율은 사건이 발발하고 7%로 하락한 후 약 8개월 만인 1983년 5월에 종전 수준인 35%를 회복했다.[18]

1986년 2월 존슨앤존슨은 또 다른 사망 사건에 직면한다. 이번에는 미국 뉴욕 주 웨스트체스터 카운티 용커스에서 청산가리가 든 타이레놀 캡슐을 먹고 한 여성이 사망했다.[19] 1982년 사건으로 변조방지 포장재(병)을 만들었지만, 이번에는 타이레놀 캡슐이 변조방지 병에 투입되어 소매점으로 배송되기 전에 독극물이 주입되어 변조방지 포장재를 무력화한 사건이었다. 버크 회장은 다시 한 번 대규모 리콜을 단행했다. 사건이 발생한 웨스트체스터 전역의 모든 타이레놀을 회수하고 전국 소매점에서 타이레놀 판매를 보류했다. 전국의 소비자에게 갖고 있던 캡슐 타이레놀을 반품하면 정

제 알약이나 코팅 정제 알약으로 교체하거나 전량 환불할 것을 약속했다.[20]

존슨앤존슨은 차제에 위험을 원천 차단하기 위해 캡슐 형태의 타이레놀 제조를 전면 중단했다.[21] 정제 알약(tablet 형태)은 1976년, 코팅 정제 알약(caplet 형태)은 1983년에 이미 출시되어 캡슐과 병행 유통되었는데, 1986년 두 번째 청산가리 투입 사건으로 캡슐 형태 제조를 전면 중단하기로 결정한 것이다. 독극물이 들어갈 수 있는 길목을 막는 근본적인 조치였다. 그렇게 지금 우리가 아는 형태의 타이레놀이 탄생했고, 우리가 모르는 캡슐은 두 번의 사건 너머로 사라졌다.

정제분말을 넣은 캡슐 형태의 타이레놀 제품 제조를 전면 중단한 존슨앤존슨은 1988년에 'Extra Strength TYLENOL Gelcaps'라는 캡슐과 비슷한 형태의 제품을 다시 선보였다. 그러나 이 제품은 목 넘김이 쉽도록 정제형 타이레놀 제품을 젤라틴으로 코팅한 것이어서 이전 분말 캡슐과 다르다. 2005년에는 섭취 후 더 빠른 효과를 위해 고안된 'TYLENOL Extra Strength Rapid Release Gels'를, 2008년에는 캡슐에 액체 약물을 넣은 'TYLENOL PM Rapid Release Gels'을 출시했다. 자동화 등으로 과거와 같은 독극물 투입 기회를 원천 차단했기에 가능했다.

존슨앤존슨의 타이레놀 독극물 사건은 기업이 위기에 직면했을 때 어떻게 대응해야 하는지, 그리고 위기를 어떻게 기회로 바꿀 수 있는지를 보여준 모범사례로 각종 경영학 서적에 인용된다. 위기 및 리스크 관리이자 윤리경영이며, ESG경영의 고전적 사례다. 참고로 타이레놀에 청산가리를 투입한 범인은, 몇몇 용의자가 있긴 했으나 아직 잡히지 않았다.

존슨앤존슨 '우리의 신조(Our Credo)' [22]

우리의 첫 번째 책임은 환자, 의사, 간호사와 아버지와 어머니들, 그리고 우리의 상품과 서비스를 사용하는 모든 사람에 대한 것이라고 믿는다. 그들의 요구에 부응하는 데 있어, 우리가 하는 모든 일은 높은 질적 수준을 유지해야 한다. 우리는 가치를 제공하고 비용을 절감하며 적절한 가격을 유지하기 위해 지속적으로 노력해야 한다. 고객의 주문은 신속하고 정확하게 처리되어야 한다. 우리의 비즈니스 파트너는 정당한 이익을 낼 수 있는 기회를 가져야 한다.

우리는 전 세계에서 우리와 같이 근무하는 모든 직원에 대해 책임을 갖는다. 우리는 직원들이 개인으로 인정받고 포용되는 업무 환경을 제공해야 한다. 모든 직원의 다양성과 존엄성을 존중하고, 각 개인의 장점을 인정해야 한다. 직원들은 자신의 일에 대해 안정감과 성취감을 느껴야 하며 목적의식을 가져야 한다. 보상은 공정하고 적절해야 하며, 근무 환경은 청결하고 정돈되어 있으며 안전해야 한다. 우리는 직원들의 건강과 행복한 삶을 지원하며, 그들이 가족과 기타 개인적인 책임에 충실할 수 있도록 도와야 한다. 직원들은 자유롭게 제안을 하거나 이의를 제기할 수 있어야 한다. 자격을 갖춘 직원의 채용, 개발, 그리고 승진에 있어 공평한 기회가 보장되어야 한다. 우리는 우수한 역량을 갖춘 리더가 준비되어야 하며, 그들의 행동은 공명정대하고 윤리적이어야 한다.

우리는 우리가 생활하고 일하는 지역사회와 세계 공동체에 대해 책임을 갖는다. 우리는 세계의 더 많은 지역에서 보다 나은 접근성과 보살핌을 지원함으로써 인류의 건강 증진에 기여해야 한다. 우리는 선량한 시민으로서 선행과 자선을 베풀고 더 나은 보건과 교육을 위해 힘쓰며 정당한 세금을 부담해야 한다. 우리는 환경과 천연 자원을 보호함으로써 우리가 혜택을 누리고 있는 자산을 최적의 상태로 유지해야 한다.

우리의 마지막 책임은 우리의 주주에 대한 것이다. 우리의 사업은 건전한 이윤을 창출해야 한다. 우리는 새로운 아이디어를 시도해야 한다. 지속적으로 연구를 수행하고 혁신적인 프로그램을 개발하며 미래를 위해 투자하고 잘못은 보상해야 한다. 새로운 장비를 구입하고 새로운 시설을 제공하며 새로운 상품을 출시해야 한다. 어려운 시기를 대비하여 자금을 보유해야 한다. 우리가 이러한 원칙을 가지고 사업을 운영할 때, 주주들은 정당한 이익을 실현할 수 있다.

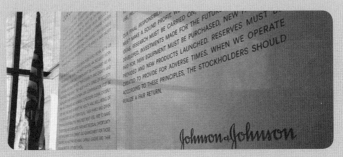

[그림 2-5] 존슨앤존슨사 본사에 새겨진 '신조' (출처: 존슨앤존슨)

나이키를 공황으로 몰아넣은 한 장의 축구공 사진

1996년 〈라이프〉에 한 소년이 축구공을 꿰매고 있는 사진이 실렸다.[23] 사진의 주인공은 나이키 농구화가 130달러일 때 일당으로 60센트(시급 6센트)를 받는 12살 파키스탄 소년 타리크였다. 다국적 기업 나이키의 동남아 납품업체에서 일어난 아동노동이 공개되면서 나이키 불매운동이 벌어졌고, 나이키는 창사 이래 최초로 1997년에 적자를 기록했고, 1998년 나이키의 기업가치는 2분의 1로 주저앉았다.

나이키의 설립자이자 최고경영자(CEO)인 필 나이트는 노동자 최소연령 상향 등 노동자 처우 개선 대책을 마련했고, 기업책임

[그림 2-6] 축구공을 꿰매고 있는 소년

(출처: 〈라이프〉)

(Corporate Responsibility) 부서를 설립했다. 이후 나이키는 공급망을 책임 있게 관리하기 위해 '지속가능 제조조달 지표(SMSI, Sustainable Manufacturing and Sourcing Index)', 즉 건강·안전·환경 지표를 공표해 평가 기준을 통과한 공급업체하고만 계약을 체결했다. 현재 나이키는 세계적으로 CSR을 가장 잘 수행하는 100대 기업 중 하나가 되었고[24] 2020년 기준 의류 브랜드 가치 1위[25] 기업이 되었다.

구글이 좋은 사회를 위해 한 일

구글은 2018년 '모두를 위한 AI(인공지능)' 프로그램을 시작했다. 인간 삶의 질을 향상하고 인류가 직면한 문제를 해결하는 데 AI를 활용하겠다는 목적 아래 구글은 '모두를 위한 AI' 프로그램을 통해 홍수 예측, 고래 보호, 기근 예측 등 사회적으로 긍정적인 영향을 미치는 사업에 구글의 핵심 AI 연구 및 엔지니어링을 적용하기로 했다. 이 프로그램은 '좋은 사회를 위한 AI(AI4SG, AI for Social Good)' 프로젝트의 하나로 구글은 자사의 AI 기술을 오픈소스(Open Source)[26]로 공유했다.

이에 따라 멕시코 '몬터레이만 수족관 연구소(MBARI, Monterey

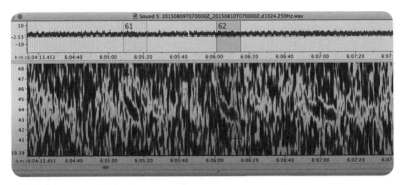

[그림 2-7] 방대한 분양의 녹음 분량에서 고래 소리를 식별하는 구글의 AI 시스템 (출처: 구글)

Bay Aquarium Research Institute)'에서 인턴십을 하던 대학생 다니엘 레옹은 구글이 개발한 AI를 사용해 멸종 위기에 처한 고래를 보호하는 시스템을 개발할 수 있었다.

태평양에서 녹음된 10만 시간 분량의 오디오 자료를 구글의 AI를 통해 빠르게 스캔하여 고래 소리를 식별함으로써 고래를 찾고 보호하는 시스템을 만들었다. 레옹이 개발한 시스템 덕분에 MBARI팀은 고래 울음소리를 자동으로 감지하고 분류하는 방법의 토대를 마련했다.

캘리포니아 가뭄에 대한 경각심을 일깨우기 위해 만든 비영리 단체 'Raindrop US'의 창립자인 몬타비스타 고등학교 학생인 아디티야 샤와 산자나 샤는 구글의 AI를 사용해서 산불에 취약한 숲의 영역을 식별하고 산불을 예측하는 장치를 만들었다. 이들이 만든 산불 조기 경보 제공 장치는 풍속·풍향·습도·온도와 같은 산불 유발 요인을 측정하여 산불 발생 확률을 확인한다.

남아프리카공화국 하람비청년 고용촉진단체(Harambee Youth Employment Accelerator)는 구글 AI의 데이터 분석 및 머신러닝을 이용해 남아프리카공화국의 청년 실업 문제를 해결하고자 노력했다. 그 결과 2018년에 5만 명 이상의 실업 청년을 일자리와 연결했다.[27]

구글은 물리학 기반의 모델링과 AI를 결합해서 홍수 예측 및 경고 프로그램인 'Google Public Alerts'를 제공한다. 캐나다의 유벤와(Ubenwa) 사는 아기가 우는 소리를 분석하여 출생 시 아기의 질식 위험을 예측하는 시스템을 개발했다. 의사가 없는 곳에서 사용 가능한 모바일 앱도 개발했다.[28]

더욱 광범위한 문제에 AI를 적용하고 외부 조직과 협력하여 광범위한 솔루션을 찾도록 2019년엔 '구글 AI 임팩트 챌린지(Google AI Impact Challenge)'를 시작했다.

'구글 AI 임팩트 챌린지'는 전 세계의 비영리단체, 학계, 사회적 기업이 AI를 사용하여 세계 최대 사회적, 인도적, 환경적 문제를 해결할 방법에 관한 제안을 내도록 격려한다. 구글 AI 전문가의 코칭, 2500만 달러의 자금 지원, 구글의 컨설팅을 통해 선발된 제안이 현실화하도록 돕는다.

유한킴벌리
'우리 강산 푸르게 푸르게'

유한킴벌리의 '우리 강산 푸르게 푸르게'는 국내에서 가장 성공한 기업 캠페인으로 꼽힌다. 나무로부터 제품 원료를 얻는 기업의 특성과 기업의 사회적 책임(CSR)을 연결해 1984년부터 숲환경 캠페인 '우리 강산 푸르게 푸르게'를 펼치고 있다. 이 사업은 나무심기와 숲가꾸기를 통해 숲과 사람의 공존을 우리 사회에 제안하기 위해 시작했다.[29] 주요 프로젝트로는 나무심기 운동, 지역 숲 모델 조성, 숲 가꾸기 운동, 아름다운 숲 보전 운동, 청소년 그린캠프, 시니어 산촌학교, 자연사랑 문학지원사업 등이 있다.

1995년 학교 숲 조성 사업에 착수하여 1999년 서울 화랑초등학

[그림 2-8] 유한킴벌리의 몽골 나무심기
(위: 나무심기 전, 가운데: 나무심기 후, 아래: 유한킴벌리 숲 명명식)

(출처: 유한킴벌리)

교, 경기 안양 신기초등학교 등 10개 학교를 시작으로 2019년까지 전국 735개 학교에서 약 87만㎡ 면적의 숲을 만들었다. 1985년부터 매년 봄 신혼부부를 초청하여 대대적인 나무심기 활동을 펼쳐 숲의 중요성을 알리고, 숲 체험과 봉사활동의 기회를 제공하고 있다. 2021년까지 참여한 신혼부부는 2만1444명이고 22만6100그루의 나무를 심었다. 1988년부터 매년 여름 전국 여고생을 대상으로 자연체험교육 그린캠프를 개최하여 2021년까지 51회, 4661명의 여고생이 참여했다.

국내 산림복구사업에 나서 군부대·시민단체와 함께 1999년 경기 파주시 접경지대에서 '평화의 숲'을 조성한 것을 계기로 북한지역 산림조성을 모색해 2005~2008년 북한 지역인 금강산 일대에서 남북 공동 신혼부부 나무심기 행사를 진행했다. 2017년 강원도 화천에 40만 그루 생산시설을 갖춘 화천미래숲 양묘센터를 준공하여 2019년까지 소나무, 낙엽송, 쉬나무 등 36만 본을 육성했다.

국내를 넘어 사막화 방지를 위해 몽골에서도 나무를 심었다. 2002년 몽골 정부로부터 산불피해지 복구를 요청받은 이후 2003년 몽골 토진나르스 지역에서 나무를 심기 시작해 2014년까지 3250ha에 1015만 그루의 나무를 심어 숲을 조성하고 이후로도 매년 100ha의 숲을 가꾸었다. 2018년에 토진나르스 숲은 '유한킴벌리숲'으로 명명됐다.

CSV 대표선수 네슬레의
"Do the right thing?"

하버드 대학 경영학부 교수 마이클 포터와 마크 크레이머는 2011년 〈하버드 비즈니스 리뷰〉에 "공유가치의 창출: 자본주의의 재발명과 혁신과 성장을 불러일으키는 방법(Creating Shared Value: How to Reinvent Capitalism and Unleash a Wave of Innovation and Growth)"이라는 논문을 기고해 '공유가치창출(CSV)'이라는 개념을 제안했다. CSV에서는 기업이 단순히 사회에 무엇인가를 돌려주는 차원의 이야기를 하지 않는다. 사회공동체와 기업이 상호의존적이라는 인식 하에, 기업의 (경제적) 이익과 사회의 혜택 사이의 이해관계가 일치(Convergence of Interest)하는 지점에서 기업은 사회와 공유된 가치를

창출해야 한다는 생각이다.[30, 31]

CSV는 기존 기업의 사회적 책임(CSR) 논의에 비해 책임보다는 성과를 강조하기에 기업에게 더 매력적이다. 물론 그 성과가 사회적 가치를 훼손하는 기업의 경제적 성과만을 의미하지는 않지만 기업의 마음이 홀가분해진 것은 사실이다. "Don't be evil" 대신 "Do the right thing"을 택한 앞서 논의한 구글의 사례를 생각나게 한다. CSR이 "Don't be evil"과 "Do the right thing" 모두를 요구한다면 CSV는 "Do the right thing"만 요구한다고 말할 수 있다. 물론 아주 단순화해서 한 말이다.

네슬레는 CSV의 성공 모델로 꼽히는 기업이다. 네슬레가 아동노동 등 여러 민감한 문제로 "Don't be evil"로부터 자유롭지 못하다고 할 때 네슬레가 CSV의 성공 모델로 꼽힌 게 절묘하다는 생각이 든다. 네슬레는 CSV의 필수과제로 준법과 지속가능성을 위한 노력을 설정했다. 'CSR체계(Hierarchy of Corporate Social Responsibility)'라 불리는 네슬레의 CSV경영은 법규·행동강령 등의 컴플라이언스(Compliance·준법)와 지속가능성 전략을 바탕으로, 사회를 위한 가치를 창조하는 것을 목표로 한다.

네슬레 'CSR체계'의 1단계는 기본이 되는 '컴플라이언스(Compliance·준법)'다. 기본적 비즈니스 원칙, 법, 행동 수칙 등을 기업이 지켜야 한다는 뜻이다. 지속가능한 방식으로 사업을 진행해

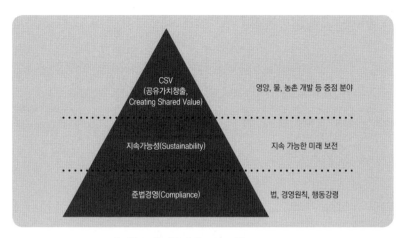

CSV
(공유가치창출,
Creating Shared Value)

영양, 물, 농촌 개발 등 중점 분야

지속가능성(Sustainability)

지속 가능한 미래 보전

준법경영(Compliance)

법, 경영원칙, 행동강령

[그림 2-9] 네슬레의 CSV 모형 (출처: 네슬레)

야 한다는 비전이 2단계 '지속가능성(Sustainability)'이다. 그다음 3
단계가 사회문제를 해결하면서 새로운 비즈니스 기회를 창출하
는 'CSV'다. 준법이 이루어져야 지속가능성을 논의할 수 있고, 지
속가능성의 기반 위에서 비로소 CSV를 실행할 수 있다는 논리구
조다.

1930년대 대공황 직후 커피 가격이 폭락하자, 브라질 투자은행
이 네슬레를 찾아왔다. 브라질의 커피 산업이 처한 곤경을 해결해
달라는 요청을 받은 네슬레가 1938년에 탄생시킨 브랜드가 네스카
페다. 현재 네스카페는 매일 4억7000만 컵의 커피를 판매할 정도
로 성장했다.

2010년 도입한 농촌개발 프로그램 '네스카페 플랜'도 비슷한 계기로 시작됐다. 당시 커피 가격이 큰 폭으로 하락하면서 커피 농가가 위기에 처했다. 네슬레는 건강하고 질병에 강한 묘목을 커피 농가에 제공하고 재배 기술을 교육했다. R&D센터 7곳을 세워 농학자들과 함께 수확량을 높이는 방법을 연구하고, 커피 공장의 에너지 문제와 위험 물질에 대해 엄격하게 조사하고 감시했다. 이후 네슬레와 직접 거래하는 17만 농가의 수입이 배로 늘었고, 소비자는 질 좋은 커피를 마실 수 있게 됐다. 네슬레는 이 사업에 5억 스위스 프랑을 투자했다.

네슬레는 사회적 가치 창출이 성공적인 사업을 위한 가장 기본적인 요소라고 생각하여 영양, 물, 농촌개발, 환경 지속가능성, 인권의 5가지 영역으로 나눠 CSV 프로젝트를 진행했다. 네슬레는 물 사용 최소화 원칙에 따라 멕시코 할리스코에 있는 낙농 공장을 확장하여 2014년에 회사 최초의 '물제로(Water Zero)' 제조공장으로 탈바꿈했다. 낙농 작업에서 취득한 물을 커피 공정에 재사용했다. 특히 우유 가공 과정에서 물을 취득해 흥미롭다. 약 88%가 수분인 신선한 우유를 낮은 압력에서 가열하면 증기가 생성되는데 이 증기의 일부는 설비 등을 청소하는 데 쓰고 나머지는 응축·정화하여 물로 재활용된다. 2015년에 이렇게 재활용한 물 약 160만 리터를 할리스코의 네슬레 공장 운영에 사용했다. 이것은 공장 1년 사용량의 약 15%에 해당한다. 또한 커피 수확 후 남은 껍질을 연료로 사용하여 화석연료 사용을 줄였다.

전사 CSV 경영체계를 가동할 때 네슬레의 CSV 총괄은 최고경영자(CEO)였다. 네슬레에 입사하면 모든 직원이 CSV 교육을 받고, 자신의 업무와 CSV 비전을 자연스레 연결했다.

실제로 5가지 영역의 CSV 주제에 맞춰 네슬레의 생산·유통·판매 전반을 바꿔나갔다. 예를 들어 오래된 커피 공장을 좀 더 안전한 환경으로 개선하기 위해 제조업팀이 개입했고, 소비자에게 재활용을 권유할 수 있는 캠페인을 위해 마케팅팀이 협력했다. 커피 수확량을 높이기 위해 R&D팀이 투입됐고, 홍보팀은 사내 CSV 커뮤니케이션을 원활하게 조정했다.

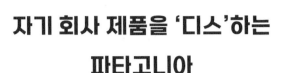

자기 회사 제품을 '디스'하는 파타고니아

2011년 11월 25일 파타고니아는 블랙프라이데이를 맞아 〈뉴욕타임스〉에 "이 재킷을 사지 마세요(Don't Buy This Jacket)"라고 말하는 광고를 실었다.

혁신적인 문구로 많은 이의 눈길을 사로잡은 광고는 1991년 발표한 사명을 적극적으로 실천하기 위해 전개한 '함께 해요 캠페인(자원 재활용 운동, Common Threads Initiative)'의 하나다. 파타고니아가 사지 말라고 하는 재킷은 파타고니아의 인기 상품 중 하나인 R2® 재킷이다. 최고 매출을 낼 수 있는 블랙프라이데이에 왜 이런 광고를 실었을까. 환경 피해를 줄이기 위해서는 환경적으로 민감하고 덜 해로운 방식으로 제품을 만들어야 할 뿐 아니라 우리 모두의 소비를 줄여야 한다고 생각했기 때문이다.[32]

"우리는 최고의 제품을 만들되 불필요한 환경 피해를 유발하지 않으며, 환경 위기에 대한 공감대를 형성하고 해결 방안을 실행하기 위해 사업을 활용한다."

[그림 2-10] 파타고니아의 'DON'T BUY THIS JACKET' 광고
(출처: 파타고니아코리아)

1991년 이 내용의 기업 사명을 발표한 이후 2000년대 초반까지 파타고니아는 환경 피해 유발을 줄이기 위해 끊임없이 공급망의 책임 범위, 영역, 수준을 확대하면서 환경 책임을 강화했다.[33] 창립자 이본 쉬나드 회장은 사명 선언이 말잔치로 끝나지 않게 하려고 파타고니아의 환경 철학을 공식화했다. 그는 환경철학을 다음과 같이 요약했다.[34]

① 자신을 돌아보고 점검하는 삶을 산다.

② 스스로의 행동을 정화한다.

③ 속죄한다.

④ 시민 민주주의를 지지한다.

⑤ 선을 행한다.

⑥ 다른 기업에 영향을 준다.

대표적으로 1980년대 들어 비영리 환경단체에 세금을 내기 전 이익의 2%를 기부하기 시작한 파타고니아는 1985년에 10%로 비율을 높였다.[35] 지원금을 더 늘려 1996년부터는 매출의 1%를 기부했고 2002년에는 '1% FOR THE PLANET'를 설립하여 현재까지 수많은 환경단체를 지원하고 있다.

또한 1993년 의류 회사 최초로 재활용 폴리에스터를 원단으로 한 옷을 만들어 판매한 후 재활용 원단의 범위를 넓혀 다양한 재활용 제품을 꾸준히 출시했다. 2001년에는 공정노동협회(FLA)에 가입했으며,[36] 2007년에는 제품 생산 과정에서 사람과 환경에 미치는 영향을 최소화했음을 보증하는 블루사인과 협력 관계를 맺었다.[37] 같은 해 파타고니아는 '환경발자국 찾기(The Footprint Chronicles)' 프로그램을 시작했다. '환경발자국 찾기'는 원재료의 생산단계에서부터 직조, 염색, 봉제 등 생산 작업과 물류, 배달 과정까지 전과정에 걸쳐 문제점을 추적하여 고객에게 공개하는 방대한 작업으로, 아직까지 현재진행형인 장기 과제다.[38] 또한 마찬가지로 같은 해 시작한 '다운의 유통과정 추적(Traceable Down)' 사업은 2014년 100%를 달성했다. 파타고니아 제품에는 푸아그라를 얻기 위해 강제로 사료를 먹여 키운 거위나 살아있는 거위에서 얻은 다운이 절대 들어있지 않다는 것을 추적해서 확인할 수 있음을 뜻한다.[39]

이 외에 파타고니아는 약 20년 동안 환경 피해를 최소화하기 위한 기부와 지원을 아끼지 않았으며, 수많은 환경 프로그램을 진행했다. 하지만 점점 더 심각해지는 기후위기 속에서 원인이 아닌 증상만을 건드리는 것은 어떤 도움도 되지 않는다고 쉬나드 회장은 말했다.[40] 단지 마이너스(-) 환경·사회적 가치를 줄이려는 노력만으로는 한계가 있으며, 플러스(+) 환경·사회적 가치를 만드는 노력으로 전환해야 할 필요성[41]을 지적한 것이다. 이후 파타고니아는 2012년 '파타고니아 프로비전'이라는 식품 회사 설립을 시작으로 피해를 줄이는 것을 넘어 실질적인 해결책을 찾기 위한 또 한 번의 도전에 뛰어들었다.

2018년 파타고니아는 창립 이래 최초로 다음과 같이 사명 선언문을 변경했다.

"우리는 우리의 터전, 지구를 되살리기 위해 사업을 합니다."

파타고니아는 기후변화를 저지하는 방안으로 '되살림 농법 (Regenerative AgricultureK·재생농업이라고도 한다)'을 강조하며, 궁극적인 해결책을 마련하고자 했다.[42] 쉬나드 회장은 2012년 파타고니아 프로비전을 설립하는 과정에서 되살림 유기농 농법을 접했다. 그는 농장과 목장을 운영하는 방법만 바꾸어도 지구온난화 추세를 역전할 수 있다고 믿는다.[43]

파타고니아 프로비전은 2016년 10월 '홉웍스 어반 브루어리 (Hopworks Urban Brewery)' 양조와 협력하여 롱루트에일(Long Root Ale) 맥주를 출시했다. 롱루트에일 맥주는 '컨자'를 이용해 만든 최초의 상용 제품으로, 파타고니아 프로비전이 추구하는 되살림 농업의 대표적인 결과물이다. 컨자는 미국 토양 연구기관인 랜드연

[그림 2-11] 매우 크고 굵은 컨자 뿌리

(출처: https://www.youtube.com/watch?v=eSTGoLk5jdE)

구소(The Land Institue)가 개발한 다년생 밀로, 한 번 심으면 5년 연속 곡물을 수확할 수 있다.[44] 땅속으로 10피트 이상 뻗는 컨자의 뿌리는 물과 질소, 인산을 흡수하고 토양을 고정해 침식을 막을 뿐만 아니라 가뭄에 강하다.[45] 특히 컨자는 토양과 대기의 이산화탄소를 포집하고 흡수하는 능력이 뛰어나 기후변화를 해결하는 장기적인 대안이 될 수 있다.[46] '홉웍스 어반 브루어리'와 파타고니아 프로비전은 이후 2019년과 2021년에 두 번째, 세 번째 롱루트에일 맥주 시리즈를 출시했다.[47] 2022년 3월 파타고니아 프로비전은 맥주 회사 '도그피쉬 헤드 브루어리'(Dogfish Head Brewery)와 함께 컨자로 만든 컨자 필스(Kernza Pils) 맥주를 새롭게 출시하여 판매 중이다.[48]

2017년 파타고니아는 되살림 유기농 농법을 상용화하는 작업을 시작했다. 독립적인 비영리단체인 '되살림 유기농 연대(ROA, Regenerative Organic Alliance)'의 출범 이후 '되살림 유기농 인증(ROC, Regenerative Organic Certification)'을 마련했다. ROC는 미국 농무부(USDA)의 유기농 인증에서 한층 발전한 단계로, 토양 건강, 동물 복지, 농장 노동자 및 농부의 경제적 안정 등을 보장하기 위한 상세 기준을 추가한 전 세계 유기농업 표준 중 가장 강력한 표준이다.[49] 2019년 ROA는 전 세계 19개 농장이 참여한 시험용 ROC 프로그램을 시작했다. 마침내 2020년 9월 파타고니아가 속한 ROA는 시험용 ROC 단계를 벗어나 본격적으로 인증을 주는 성과를 보였다. 같은 해 파타고니아 프로비전의 첫 번째 ROC 인증 식품인 '칠레 망고(Regenerative Organic Chile Mango)'가 출시되었다. 닥터 브로너스, 네이쳐스패스, 로투스푸드 등 시험용 ROC 프로그램에 참여한 다른 기관에서도 ROC 인증 제품을 내놓았으며, 현재 파타고니아 프로비전 홈페이지에서 구매 가능하다.[50]

2013년 파타고니아 최고경영자(CEO)로 취임한 로즈 마카리오는 환경문제를 해결할 혁신적 비즈니스 모델을 가진 신생 벤처에 투자하기 위해 2000만 달러의 '20 Million and Change' 펀드를 조성했다.[51] 2016년 투자 기금이 2000만 달러를 넘어 3800만 달러에 도달하자 기금 제한을 없애고 '틴 쉐드 벤처(TSV, Tin Shed Vneture)'로 이름을 바꾸었다. 쉬나드 회장은 환경 위기는 하나의 회사, 100개의 회사만으로 해결하기에는 너무 큰 문제라고 보았다.[52] 다수의 '넥스트 파타고니아'를 육성하여 비즈니스를 통해 환경 위기에 대한 해결 방안을 제시하고 실천한다는, 파타고니아의 미션 확산이 TSV의 목표다.[53]

파타고니아의 TSV는 지속가능한 재료와 기술, 물 절약, 폐기물 감소, 청정에너지, 되살림 유기농업이라는 5가지 분야에 투자한다.[54] 그 중 '부레오(Bureo)'는 TSV가 처음으로 투자한 기업으로 폐기물 감소 분야에 속한다. 2020년에 파타고니아코리아는 부레오와 협업으로 폐기물을 재활용한 소재 '넷플러스'로 만든 '부레오 햇

컬렉션'을 출시했다. 2021년 10월에는 해양 플라스틱 쓰레기 문제 해결을 촉구하는 환경 캠페인 '버리지 말고, 입으세요(Don't waste it, wear it)'를 전개하고, 캠페인 취지를 적극 실천하고자 100% 폐기물로 만든 '넷플러스 컬렉션'을 함께 선보였다.[55]

100% 유기농 목화로 만든 데님, 재활용 원단, 염색하지 않은 캐

[그림 2-12] 파타고니아의 넷플러스 컬렉션

(출처: 파타고니아)

시미어, 고무 대체품 율렉스(Yulex) 등을 선보인 데 이어 파타고니아는 중고 옷 구매를 장려하고 망가진 옷을 수선해주는 서비스를 제공했으며 살펴본 대로 급기야 'Don't buy this jacket(이 재킷-파타고니아 제품—을 사지 마세요)'이라는 슬로건까지 내놨다. 이 같은 철학에 미국인은 열광했고 파타고니아는 미국의 3대 아웃도어 브랜드로 올라섰으며 세계인의 마음을 파고들고 있다. 현재로선 파타고니아 이상의 ESG기업을 찾기가 힘들어 보인다.

BT, 푸마, 게링, SK의 공통점은?

영국의 통신기업 BT와 독일의 세계적 스포츠 브랜드 푸마는 ESG 선도기업으로서 다양한 사회적 가치를 창출하기 위해 노력했다. 이들은 경영활동이 사회에 미치는 영향을 파악하고, 궁극적으로 자신들이 생산해 내는 '순사회적가치(Net Social Value)'를 높이고자 했다. 순사회적가치란 기업이 사회에 주는 긍정적 사회적 가치와 부정적 사회적 가치를 더해서 남은 값이다. 긍정을 [+], 부정을 [-]로 보면, 두 값이 같을 때 순사회적가치는 '0'이 된다.

BT와 푸마의 목표는 같았지만, 순사회적가치의 측정과 활용 방안을 두고는 다른 접근방법을 택했다. BT는 자사의 사회공헌 활동

중 '정보 접근 포용성(Digital Inclusion)' 향상을 위한 프로젝트 'Get IT Together'가 얼마만큼의 사회적 가치를 만들어내는지, 그 사회적 가치가 투자 대비 얼마나 이익을 내는지를 알고자 했다.

BT는 확신, 사회적 격리 감소, 독립성, 효율적 시간 사용, 비용 절감, 편의성, 고용 증진 등을 대표적인 사회적 가치로 보고 이것들로 사회적 편익(Social Benefits)을 구성했다. BT는 'Get IT Together' 교육에 참여한 모든 사람을 대상으로 설문조사를 하고 여기서 얻은 1차 자료로부터 프로젝트의 주관적·비계량적 효과를 파악했다. 파악한 효과를 수치화하기 위해 이미 다른 기관이나 연구에서 발표한 비용계산 방법론을 빌렸다. 예를 들어 고령자의 독립성 향상이라는 사회적 가치를 수치화하는 데는 다른 기관이 발표한 '돌봄서비스 고용 원가'를 적용했다. 이렇게 계산된 총 사회적 가치를 총 투자금액으로 나누면 '사회적 투자수익률(SROI)'이 계산된다. BT가 2012년 자료로 계산한 결과 42만 파운드 투자에서 150만 파운드의 사회적 가치가 발생해 SROI가 3.7대 1로 나타났다.

BT의 SROI 접근법은 사회적 가치 측정과 활용의 여러 기법의 하나다. 그 특징은 다음과 같다.

① **투자금액과 결과를 비교해 투자의 타당성을 판단하고 그 활용 방안을**

찾는다.

② 조직 전체가 아니라 특정 프로젝트의 사회적 가치를 측정한다.

③ 특정 프로젝트가 만들어내는 긍정적 사회적 가치를 투자금액과 비교할 뿐 투자 관련 부정적 사회적 가치인 외부효과는 고려하지 않는다.

④ 많은 단점에도 불구하고 개별 프로젝트나 활동의 사회적 가치를 측정하고 타당성을 검증하게 해주어 이를 통한 스토리텔링을 가능하기에 전략적 가치가 뛰어나다.

푸마는 BT와 달리 2011년에 환경손익계산서(EP&L, Environmental Profit & Loss)를 발표했다. 푸마는 공급사슬(Supply Chain)* 전반에 걸쳐 발생하는 사회적 비용, 즉 부정적 외부효과를 측정하고 그 결과를 손익계산서 형태로 작성하여 발표했다. 비록 환경 이슈 중 물과 에너지 사용에 국한하고 다른 사회 이슈의 측정은 미래의 일로 미뤘지만, 기존 연차 사업보고서에 반영되지 않은 사회적 비용을 측정하여 보여주었다는 데에 의의가 있다. 자사의 사업장뿐 아니라 4단계에 걸친 공급업체의 활동에서 사용된 용수와 에너지를 파악해 이것의 사회적 비용을 계산했다.

푸마의 사회적 가치 측정은 BT와 여러 면에서 차이가 있다.

---

* 원재료를 획득하고, 이 원재료를 중간재나 최종재로 변환하고, 최종 제품을 고객에게 유통하기 위한 기업 조직 및 비즈니스 과정의 네트워크. 공급망이라고도 한다.

① 푸마는 프로젝트별 사회적 가치가 아니라 기업 전반의 활동에 따른 사회적 가치를 기간별로 측정하고자 했다.

② 사회적 가치 중 긍정적 가치인 사회적 편익은 측정하지 않고 사회적 비용만을 측정했다.

③ 푸마는 기업 활동으로부터 발생하는 사회적 비용을 측정해, 기존 재무제표에 포착되는 비용뿐 아니라 기업이 궁극적으로 부담해야 하는 외부 비용까지 공시함으로써 사회책임에 진정성을 보이는 전략적 효과를 거뒀다.

세계적으로 유명한 명품 브랜드 구찌, 생로랑, 보테가베네타, 발렌시아가를 보유한 프랑스 명품 기업 케링 그룹도 환경손익계산서(EP&L)를 공개한다. 프랑수아 앙리 피노 회장 겸 최고경영자(CEO)가 2010년 일부 브랜드에 처음 도입한 이래 2015년부터 산하 브랜드 전체에 적용하고 있다. 가죽 원단 등 원자재 90%의 생산·유통 과정을 분석해 탄소배출량과 생태계에 끼치는 영향, 즉 환경발자국을 추적했다. 이것을 금전적 가치로 환산해 매년 EP&L을 발표한다. 환경에 미친 악영향이 큰 부문에 대해선 새로운 공정을 적용해 개선한다.

케링은 2025년까지 EP&L상 '환경 손실'을 2020년 대비 40% 줄인다는 목표를 세웠다. 이에 따라 미국 항공우주국(NASA), 스탠

퍼드대 등과 협업해 몽골 내 캐시미어 생산지 일부에서 염소 방목법을 바꿔 목초지를 보호하게 했다. 중국 내 섬유공장에는 새로운 대기·수질오염 기준치를 설정하고 여기에 맞게 생산 과정을 바꿨다. 피노 회장은 "기업은 경영활동으로 환경이 오염된다는 현실을 직시하고, 악영향을 줄여야 하는 책임이 있다"고 말했다.

기업이 만들어낸 사회·경제적 가치를 제대로 측정하는 것이 중요하지만 합의된 방법론이 없는 지금으로선 이것저것 나름의 합리성에 근거해 시도해 보는 게 의미가 없지는 않다. 제대로 된 측정

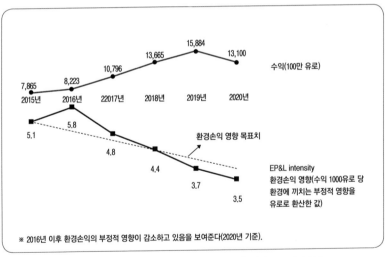

[그림 2-13] 케링의 수익 대비 환경손익 영향 평가. 2016년 이후 환경손익의 부정적 영향이 감소하고 있음을 그래프가 보여준다.

(출처: 자료 케링의 2020년도 환경손익보고서)

이 물론 중요하지만 어떻게든 측정이 되어야 목표를 향해 잘 나아가고 있는지 알 수 있기 때문이다. 자체적으로 합의된 내부적 방법론은 적어도 자체의 성과평가를 가능하게 한다. 이 성과를 경영진, 주주, 노동자 등과 지속해서 공유한다면 기업이 어려울 때 가장 먼저 사회책임이나 사회공헌 예산을 줄일 일이 없어지고 경영진이 바뀔 때마다 전략이 수정되는 일도 없다.

국내에서는 SK가 2018년에 경제적 가치와 사회적 가치를 동시에 추구하는 더블보텀라인(DBL, Double Bottom Line) 경영의 시동을 걸었다. 예컨대 전기를 아끼는 저전력 반도체, 장애인 고용 등을 사회적 가치를 높인 성과로 기록하고 반대로 법 위반이나 과태료 등은 사회적 비용으로 기록하는 식이다. SK하이닉스가 첫 적용 대상 계열사였는데, 이 회사는 2017년에 7조866억 원의 사회적 가치를 창출했다고 발표했다. 임금, 법인세, 배당금 등을 모두 사회적 가치에 포함했다. SK의 시도는 기업 자체가 갖는 의미 외에 사회적 가치 측정에 관한 사회적 논의를 촉진했다는 측면에서 더 큰 의미가 있다.

소비자가 달라지며
나이키와 아디다스에 생긴 일

2022년 3월 3일 러시아에서 코카콜라를 유통하는 코카콜라헬레닉은 러시아 내 협력사와 수천 명의 직원에 책임을 지기 위해 러시아의 우크라이나 침공에도 영업을 계속하겠다고 밝혔다.[56] 러시아의 우크라이나 침공 이후 다국적 기업의 러시아 철수를 요구한 소비자들은 즉각 반응했다. 트위터를 중심으로 확산된 '코카콜라 불매운동' 해시태그는 트위터 내 인기 검색어에 오르며 코카콜라에 대한 비난이 확산됐다. 러시아 내 847개의 직영점을 소유한 맥도널드도 영업 지속 방침으로 비판을 피하지 못했다.[57]

코카콜라는 서둘러 3월 8일 영업을 중단하며 우크라이나에서 일어난 비극적 사건으로 고통받는 모든 이와 함께하겠다는 성명을 냈다.[58] 같은 날 맥도널드도 러시아 영업을 중단하되 러시아 내 직원 6만2000여 명에게 급여를 지급하기로 결정했다.[59]

시장 외 현안인 인권이 기업경영에 영향을 미친 지는 오래됐다. 인권경영이란 말이 낯설지 않다. 1970년대 남아프리카공화국의 인종차별 정책(아파르트헤이트)에 항의해 남아공에 진출한 외국 기업에 투자철회 등 압력을 가한 적이 있지만, 최근 들어선 더 광범위하고 집중적인 비난과 행동이 기업을 향한다. 2020년 BBC의 폭로로 중국 정부가 위구르족을 강제 동원해 면화를 생산했다는 사실이 전해지자, 세계의 다수 기업이 발 빠르게 신장 면화 불매에 들어간 배경이다. 아무리 덩치가 큰 기업도 인터넷과 SNS로 연결된 소비자의 심기를 거스를 수는 없는 시대이기 때문이다.

신장 자치구는 인도에 이어 세계 면화 생산 2위 국가인 중국의 면화 산업 중심지다. 〈글로벌타임스(중국명 환구시보)〉에 의하면 2020년 신장에서 생산된 면화는 약 230만 베일(1베일=218kg)에 달한다. 중국에서 생산된 면화의 87%, 전 세계 생산량의 약 20%에 해당한다.[60]

2020년 미국 국제정책센터(Center for Global Policy)의 보고서는 신장 면화가 위구르족을 포함한 소수민족을 강제 동원한 결과물이라고 밝혔다.[61] 이 보고서에 따르면 최소 57만 명에 이르는 소수민

족 노동력이 중국 정부에 의해 면화 따기 작업에 강제로 동원됐다. 이들은 작업량을 강제로 배당받았으며, 할당된 노동량을 채우는 동안 엄격한 감시를 받았다.

BBC 등의 폭로가 이어지자 국제인권단체인 휴먼라이츠나우는 강제노동 사실이 명확하게 부인되지 않는 한, 즉시 중국과 거래를 끊어야 한다고 다국적 의류업체들에 호소했다.[62] 국제정치에 파장을 미쳤다. 미국 등 여러 국가가 이 문제로 중국에 대한 규제에 들어갔다. 2021년 1월 미국 트럼프 정부는 중국 신장 지역에서 생산된 태양광 패널 재료, 토마토, 면화를 수입 금지했다.

미국의 새 정부의 기조도 비슷했다. 조 바이든 미국 대통령은 2021년 12월 [위구르족 강제노동 금지법안]을 통과시키며 한층 압박을 강화했다. 이 법은 중국 신장 위구르 자치구에서 만들어진 모든 제품의 수입을 금지한다. 신장 지역에서 제조된 모든 제품을 강제노동 생산품으로 전제하는 '일응의 추정(Rebuttable Presumption)*' 원칙을 적용했기 때문이다. 따라서 예외적으로 수입을 허용하기 위해서는 해당 물품이 강제노동으로 생산되지 않았다는 명확한 증거가 미 관세국경보호청(CBP)에 제출되어야 한다.[63]

유럽연합(EU) 또한 신장에서 인권 침해에 관련 있다고 판단되는

---

* 간접 사실로 주요 사실을 추정하는 일. 갑이라는 사실이 있으면 을이라는 사실이 생기게 되는 정형적인 사상 경과가 인정되는 경우, 갑이라는 사실로부터 을이라는 사실을 추정하는 방법이다. 간단히, 반박해 증명하지 않으면 사실로 추정하는 것을 말한다.

4명의 관리와 신장에 설치된 국가기관인 생산건설병단과 공안국을 제재명단에 올렸다. EU가 중국의 인권 침해를 직접 제재한 것은 32년 만으로, 1989년 톈안먼(天安門) 민주화 시위 유혈진압에 따른 무기 금수 후 처음이다.[64]

국제 사회의 이러한 흐름에 따라 과거 신장 면화를 사용한 글로벌 의류 브랜드인 H&M, 나이키, 아디다스 등이 2021년부터 신장 면화 사용을 중단한 상태다. 세계 면직 산업에서 인권과 환경 문제를 개선하기 출범한 비영리조직인 '더 나은 면화 계획(BCI, Better Cotton Initiative)에 가입된 기업들이다.[65] 영국의 〈이코노미스트〉는,

[그림 2-14] 다국적 기업들 제품

강제노동으로 생산된 상품을 불매하려는, 인권을 중시하는 전 세계 소비자들과 수익성이 큰 중국이란 거대 시장 사이에 존재하는 정치적 격차 앞에서 다국적 기업들이 곤혹스러워하고 있다고 분석했다. 생산과 원자재 등 중국 시장은 저비용 고효율이라는 장점을 자랑하나, 인권 문제에 상대적으로 취약하기 때문이다.[66]

나이키와 H&M 등 다국적 의류 브랜드는 우즈베키스탄의 면화 수확 강제노동이 세계적인 논란이 됐을 때도 우즈베키스탄 면화의 사용을 중단했다.[67] 우즈베키스탄은 2013년 기준으로 세계 목화 6대 생산국이자 5대 수출국이었다.[68] 우즈베키스탄 정부는 국가의 주요 수출품인 목화를 수확하기 위해 국민을 강제 동원했으며, 여기에 아동과 환자도 예외가 아니었다. 미국 노동부는 우즈베키스탄의 목화를 아동노동으로 생산된 제품 목록에 올리고 수입을 규제했다.[69]

미국의 시민단체 '코튼 캠페인(Cotton Campaign)'은 해마다 100만 명 이상의 국민이 강제 동원되고 있다고 추정하고, 우즈베키스탄 정부에 기본적 노동권 확보를 촉구했다. '코튼 캠페인'은 동시에 2007년부터 관련된 기업을 상대로 강제노동의 산물인 우즈베키스탄 면화의 사용 중단을 요구했다. 우즈베키스탄의 면화 수출량은 2014년 260만 베일에서, 불매의 영향으로 2016년에는 3분의 1 미만인 80만 베일로 크게 줄었다.[70] 우즈벡 면화 불매에는 전 세계

331개 업체가 참여했다.[71]

국제 사회의 제재와 331개 기업의 불매를 거쳐, 우즈베키스탄은 2020년 미국 노동부로부터 자국 내 강제노동이 종식되었다는 평가를 받는다.[72] 국제노동기구(ILO)도 2021년 작성된 〈ILO 제3자 모니터링 보고서〉에서 우즈벡의 강제노동이 중단되었다고 밝히며 2022년 3월 우즈베키스탄 목화 불매 캠페인을 해제했다. ILO는 우즈베키스탄에서 강제노동을 끝내기 위해, 법률을 정비하고 사회적 대화와 단체교섭 관행이 확립되도록 2013년부터 우즈베키스탄 정부와 협력했다고 설명했다.[73]

정부, 기업, 투자자와 협력하는 면화 강제노동 근절 단체 '책임 있는 자원조달 네트워크(RSN, Responsible Sourcing Network)'는 보고서 〈방적기에 이르기까지-면화조달의 책임 조달 체계 수립을 제안하며(To the Spinner: Forging a Chain to Responsible Cotton Sourcing)〉를 통해 우즈베키스탄의 강제노동과 아동노동을 없애기 위해 의류업계가 취해야 할 바람직한 관행을 다뤘다.[74, 75] 인권 위험 지역을 파악하고 원산지의 정확한 확인을 위한 감사 체계를 만들어 "강제노동 또는 아동노동이 없는 목화" 정책을 수립해야 한다고 권고했다.

국가 못지않은 경제력과 인적 자원을 지니고 정치적 역량까지 행사하는 다국적 기업이 지구촌의 노동과 인권에 미치는 영향은 막대하다.[76] 유엔 인권이사회(UNHRC)가 2011년 6월 '유엔 기업과 인권에 관한 이행원칙(UNGPs)'을 채택한 이유다. UNGPs 채택 이후 기업의 인권경영 의식이 퍼지며 경영 현장에서 주요한 고려사항으로 자리를 잡아가는 추세다.[77]

2019년 글로벌 금융기업 UBS의 설문조사에 따르면 소비자의 69%는 윤리경영을 하는 회사의 제품을 구매할 의사가 있다고 답했다.[78] 나아가 71%의 소비자는 환경, 지배구조 등에서 부정적인 평가를 받은 기업의 제품을 소비하지 않을 것이라는 의사를 표명했다. USB 악셀 베버 회장은 "소비자의 윤리적 소비 패턴이 강화했기에 기업의 윤리경영은 이제 선택이 아닌 필수가 됐다"고 말했다.[79]

신장 면화 사용 중단으로 중국에서 나이키 불매운동이 일어났다. 중국의 매출 감소에도 불구하고 나이키의 전 세계 매출은 유지됐고 주가 또한 상승세를 보였다.[80] 인권경영이 기업에게 최소한 독배는 아닌 셈이다.

비밀이 하나도 없는 기업의 성공 비밀

미국 배우이자 영국 해리 왕자의 부인인 메건 마클은 화제를 몰고 다니는 뉴스의 인물이자 패션계의 아이콘이다. 글로벌 패션 검색 플랫폼 '리스트(Lyst)'의 〈2019년 올해의 패션(The Year In Fashion 2019)〉 조사에서 마클은 세계에서 가장 영향력 있는 패션 아이콘이었다.[81] 마클이 남아프리카공화국을 방문했을 때 클럽 모나코 드레스를 입자 이 드레스 검색량이 570% 증가하며 24시간 안에 상품이 매진되었다.[82] 마클은 '마클효과'라고 불리는, 패션계에 미치는 자신의 영향력을 때때로 지속가능한 경영을 하는 여러 브랜드를 알리는 데 이용했다. 패션기업 에버레인은 마클 효과를 경험한 기업

[그림 2-15] 데이 마켓 토트백

중 하나다. 2017년에 마클이 에버레인의 '데이 마켓 토트백'을 착용한 후 에버레인은 '투명경영'을 실천하는 소비자 친화 브랜드로 떠오르며 이름을 더욱 알리게 됐다.

에버레인이 주목받는 브랜드가 된 이유는 '투명성' 때문이다. 투명성을 단순히 설명하면 어떤 기업이나 조직의 정보를 일반인이나 다른 조직에서도 입수할 수 있는 상황이다.[83] 에버레인의 창업자 마이클 프레이스먼은 50달러에 판매되는 티셔츠 한 장의 원가가 7.5달러에 불과하다는 것을 알게 된 뒤 패션계의 이윤 부과 방식을 바꾸기 위해 에버레인을 창업했다. 에버레인의 투명성은 '왜 기업들은 15달러에 팔 수 있는 티셔츠를 50달러에 판매하는가?'라는 물음에서 출발한 셈이다. 투명성을 지키기 위해 에버레인은 생산에 드는 비용을 소비자가 알 수 있게 했다. 메건 마클이 사용해 화제가 된 '데이 마켓 토트백'은 재료비 4만5000원, 부자재 2900원, 인건비 4만640원, 세금 7090원, 운송비 2500원이 사용되어, 총 원가가 9만8130원이라는 사실이 에버레인의 상품 설명 페이지를 통해 소비자들에게 공개된다.[84]

투명성을 중심으로 파악한 기업경영을 '투명경영'이라고 부른다. 투명경영은 대규모 회계 부정이 적발되어 미국 사회를 뒤흔들어 놓은 2001년 '엔론 사태' 이후 강조되어 여러 사회적 이슈를 포괄하며 확장된 개념이다. 기업의 투명성에는 가격 외에 다양한 정보가 포함된다.

에버레인은 탁월한 품질, 윤리적인 공장, 급진적 투명성이라는 세 가지 방침을 경영 철학으로 삼았다. 소비자가 구매 과정에서 생산 공정을 들여다보고, 제품이 생산되는 공장 내 노동환경과 제품이 환경에 미치는 영향을 종합적으로 살필 수 있게 한다. 이렇게 소비자가 기업 정보에 접근하게 함으로써 투명성의 구조를 확보하게 된다.

에버레인은 노동환경, 기업 구조, 생태계 보호를 위한 노력 등 다양한 정보를 홈페이지에 공개했다. 윤리적 공급망을 구축하는

[그림 2-16] 에버레인 청바지 제품 가격 공개 (출처: 에버레인)

것을 목표로 생산 파트너들과 협력하고 있음을 밝히며, 건강한 노동환경을 유지하기 위해 준법 감사를 받고 있음을 명시했다. 세계 각지에 위치한 에버레인의 공장 이름과 정확한 위치, 직원 수 및 직원들이 현재 하는 일과 노동환경에 관한 정보도 공개되어 있다.[85]

에버레인은 기후위기에 대응하기 위해 2030년까지 제품당 탄소 배출량을 55%까지 감축하고 2050년에는 순 배출량을 0으로 만들 겠다는 목표를 세웠다. 환경파괴의 주범 중 하나로 꼽히는 폐기물, 화학물질, 플라스틱 사용량을 줄여나가고 있다. 재활용되지 않은, 즉 첫 생산된 플라스틱을 사용하지 않겠다고도 약속했다.

나아가 에버레인은 매년 그 한 해에 이뤄진 진전에 관한 〈환경영 향보고서〉를 발표하여 개선된 점을 소비자에게 알린다. 2021년 작성된 에버레인의 환경영향보고서에는 그 해부터 폴리에스터와 나일론이 포함된 의류 소재의 97%를 GRS(Global Recycle Standard) 인증을 받은 재활용 섬유로 만들었다는 내용이 포함됐다.[86]

에버레인은 자사의 경영방침과 성과를 소비자가 알 수 있게 투명하게 공개하여 믿음을 쌓았고, 믿음이라는 사회적 자본은 충성스러운 고객의 확보로 이어졌다. 에버레인이 빠른 시간 내에 성장하고, 두터운 고객층을 확보한 근본적인 이유는 소비자의 신뢰를 사게 한 투명성이었다.

투명경영은 현재 세계적인 흐름으로, 기업과 정부를 포함한 다양한 사회조직이 준수해야 할 책임원칙을 담은 일종의 국제표준인 ISO26000에도 명시되어 있다. 투명경영의 필요성은 지난 1997년 일어난 아시아 외환위기와 2002년에 발생한 미국 금융시장의 기업에 대한 신뢰성 위기로 인해 입증됐다. 아시아 외환위기 당시 아시아 신흥경제국에 만연한 부패는 투자자의 불신을 불러왔다. 국제투자자들의 불신에서 비롯된 대규모 자본 유출과 대대적 투매는 세계 금융시장을 흔드는 계기가 됐다.[87]

2002년에는 부패, 음성적인 금융거래, 분식회계, 불투명성 문제로 미국을 대표하던 에너지 기업인 엔론을 필두로 월드컴, 제록스, 타이코, 시티은행 등 거대 기업이 줄줄이 도산하는 사태가 벌어졌다. 거대 기업들의 파산과 그로 인한 금융시장의 위기는 1929년 뉴욕 주식 시장의 주가 대폭락 사태와 1930년대의 대공황 이후 미국 월 스트리트 사상 최악의 사건이라 불렸다.[88]

미국 사회는 기업 구조의 불투명성에서 비롯된 부패로 자본시장이 무너질 수 있다는 위기감을 느꼈고, 투명경영 도입을 위해〔사베인-옥슬리 법〕을 시행했다. 2002년 제정된〔사베인-옥슬리 법〕은 기업회계 및 재무 보고의 투명성과 정확성을 높이고자 한 법으로, 기업 지배구조와 감사 제도를 근본적으로 개혁하는 것을 목표로 제정됐다.[89]〔사베인-옥슬리 법〕은 한국 기업의 투명성을 높이기 위해 2002년 금융감독원이 발표한 회계제도 개혁안과 '회계제도 선진화' 방안을 포함한 증권거래법, 주식회사의 외부감사에 대한 법률 등에 영향을 미쳤다.[90]

온실가스 감축은
기업의 의무이자 사업 기회다

구글은 직접 온실가스 배출량을 줄이는 것 외에 비즈니스를 통해 간접적으로 온실가스를 줄이도록 유도한다. 구글은 구글맵 내 내비게이션(Navigatioin)에서 경로를 제공할 때 가장 친환경적인 길, 즉 가장 적게 탄소를 배출하는 경로를 기본 옵션으로 제공하겠다고 나섰다.[91] 미국 에너지부 산하 국립신재생에너지연구소(NREL) 자료를 활용해 연료소비, 경사로, 교통체증 등의 요소를 분석한 구글맵은 분석 결과를 바탕으로 가장 친환경적인 길을 파악하여 사용자에게 제공한다. 2021년 10월 5일부터 미국에서 이 서비스를 시작했으며 2022년에는 유럽으로 확대했다. 구글 최고경영자

[그림 2-17] 항공편 예약 시 낮은 탄소배출량 옵션을 선택할 수 있는 구글 플라이츠

(CEO) 선다 피차이는 "저탄소 배출 경로를 안내함으로써 연간 차량 20만 대의 이산화탄소배출량에 해당하는 온실가스를 줄이는 효과를 거둘 수 있다"고 말했다.

구글이 진행하는 또 다른 친환경 사업은 항공요금 검색엔진인 '구글 플라이츠(Google Flights)'에 온실가스 배출량 정보를 게재하는 것이다. 2021년 10월 6일 이후 구글을 통해 항공권을 검색하는 전세계 사용자는 모든 항공 경로의 탄소배출량 정보를 확인할 수 있다. 물론 어떤 것을 선택할지는 소비자의 몫이지만, 친환경 선택지를 열어주었다는 데에 의의가 있다.

국내 기업인 중고거래 플랫폼 당근마켓도 간접적으로 온실가스 배출량 감축을 이끌고 있다. 당근은 '당신 근처'를 줄인 말로 도시지역이면 '반경 6km' 이내를 '당근'으로 친다. '당근' 내 사용자끼리 중고거래를 할 수 있도록 2015년 설립된 플랫폼 기업이 당근마켓이다.

2020년 기준 월 평균 1000만 건 이상의 지역 내 중고거래가 이루어졌다. 이러한 자원 재사용을 통한 온실가스 감축 효과는 2020년을 기준으로 한 해 나무 2770만 그루를 심은 것과 같다. 당근마켓은 6월 5일 '세계환경의 날'에 당근마켓 앱을 통해 사용자가 환경보호 팁을 공유하도록 장려했고, 매월 1일 당근 가계부를 통해 한 달 동안 중고거래로 재사용된 자원의 가치를, 동네 사람들과 함께 줄인 온실가스 정보로 공유함으로써, 생활 속 환경보호를 실천할 수 있는 분위기를 조성하고 있다.[92]

미국의 AT&T는 'Connected Climate Initiative'를 설립하여 2035년까지 온실가스 배출량 1기가 톤을 줄인다는 목표를 세웠다. 1기가 톤은 2020년 기준 미국 온실가스 배출량의 약 15%에 해당한다. AT&T는 MS, 듀크에너지를 비롯한 기업, 대학, 기타 다양한 조직과 협력하여 전 세계적으로 광대역 기반 기후 솔루션을 지원하기로 했다. 자사의 강점을 활용해 다른 기업을 지원함으로써 기후위기 극복에 동참하는 방식이다.

많은 다국적 기업이 온실가스 배출 감축 혹은 제거를 위한 목표를 설정했고, 이들 중 일부는 탄소중립에 도달할 일정을 설정했다. AT&T는 이들이 기업 규모에 맞게 온실가스를 줄여갈 수 있도록 사물인터넷(IoT) 솔루션, 운송 및 에너지의 인공지능(AI) 관리, 모니터링 등을 위한 5세대 이동통신(5G)을 포함한 광대역 기술을 제공할 예정이다.

"일종의 미친 생각"으로 바닷속까지 들어간 MS의 '탄소 네거티브'

2018년 11월 MS가 애플을 꺾고 20년 만에 세계 시가총액 1위 자리를 되찾았다. 2014년 사티아 나델라가 새 최고경영자(CEO)로

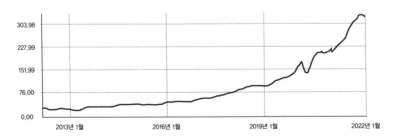

[그림 2-18] 마이크로소프트 10년 주가 추이

부임한 이후 몰락한 공룡이 새롭게 부활하며 이후 주가도 꾸준히 상승하며 2021년에 300달러를 넘어섰다.

세계에서 기업가치가 가장 크고 미래성장 기대도 크다는 것을 반영하는 척도 중 하나인 세계 시가총액 1위라는 타이틀은 세계 주식시장에서 가장 인기 있는 ESG 주식회사라는 의미도 갖는다. 뱅크오브아메리카(BoA)의 2021년 5월 분석 결과 ESG에 초점을 맞춘 237개 '롱온리 펀드'(Long-Only-Fund)'가 가장 많이 보유한 주식이 MS로 나타났다(70% 보유). MS는 ESG 중 E에 중점을 둔 경영전략을 보이며, 지난 5년 간 MSCI(모건스탠리캐피털인터내셔널사가 발표하는 세계 주가지수)에서 AAA 최상위 등급을 받아 ESG 최고 인기 주식회사로서 면모를 보였다.

2020년 1월 MS는 기후 문제 해결에 앞장서고자 2030년까지 '탄소 네거티브(Carbon Negative)'를 실현한다는 계획을 발표했다. '탄소 네거티브'는 배출되는 탄소보다 더 많은 양의 탄소를 제거해 순 배출량을 마이너스로 만드는 정책이다. MS의 탄소 정책은 기업 운영 과정에서 발생하는 탄소배출량을 줄이고, 동시에 기업 외부에서 전 세계적으로 탄소를 제거하는 프로젝트를 진행하는 두 가지 방향으로 설정되었다.

MS는 재생에너지 전환과 사내 탄소세 범위 확대로 2020년 자사의 탄소배출량을 전년 대비 6%(약 73만 톤) 줄였다. 각 부서 직원의 자발적인 노력으로 탄소배출을 줄인다는 목표 아래 만들어진 사내 탄소세는, 출장이나 전기 사용과 같이 직접 배출되는 탄소뿐 아니라 2021년 7월부터는 공급사와 고객으로부터 발생하는 간접적인 탄소에 대해서도 물리도록 확대됐다. 이에 따라 MS 디바이스팀이 데이터 시각화 도구인 파워BI를 활용하여 구축한 시스템을 통해 결과 추적 및 공급망 개선을 지원하고, 엑스박스(Xbox)팀은 장비가 대기 상태일 때 전력을 15W에서 2W 미만으로 줄이는 새로운 기능을 개발하는 등 많은 부서가 창의적인 방법으로 탄소배출량을 감축하고 있다.

MS는 2021년 7월 역대 최대 규모인 연간 기준 100만 톤의 탄소 제거 프로젝트를 공모했고, 접수된 189개 프로젝트 중 26개에 투자해 약 130만 톤의 탄소를 제거했다. 탄소 제거 프로젝트는 기후 문제 해결을 위해서는 배출량 절감이라는 소극적인 정책이 아니라 직접적인 투자와 행동 그리고 모두의 참여를 이끄는 적극적인 정책이 필요하다는 취지에 따라 진행됐다.[93]

MS는 다른 기업이 참고할 수 있도록 〈탄소 제거 백서(Carbon Removal White Paper)〉를 발행해 탄소 제거 프로젝트 제안과 실행을 통해 얻은 노하우를 투명하게 공개했다. 탄소 제거 생태계 조성과 함께 새로운 시장의 창출, 기술적 접근, 장기 프로젝트의 필요성을 MS는 강조했다.

[그림 2-19] MS의 나틱 프로젝트 (출처: 마이크로소프트)

MS는 해저에 데이터센터를 구축하는 '나틱 프로젝트(Natick Projext)'를 추진 중이다.[94] 인구밀접지역과 가까운 바다 속에 데이터센터를 구축하면 효율적으로 데이터를 관리할 수 있다는 장점과 함께 수심 100m의 바닷물과 조류를 이용하여 데이터센터를 냉각하고 가동동력을 얻을 수 있다. 나틱 프로젝트가 성공하면 데이터센터의 전력사용량은 지상의 3%, 고장률은 8분의 1로 줄어드는 효과를 거둘 것으로 예측된다.

국제에너지기구에 따르면 2020년 전 세계 데이터센터의 전력소비량은 200T~250TWh(세계 전체 전력 소비량의 1%)로 세계 16위

전력 소비국인 남아프리카공화국을 웃도는 수준이다.[95] 직접 오염 물질을 배출하지는 않지만, 화력발전에 기반한 전력 사용량이 과다해지면서 데이터센터 산업은 글로벌 탄소배출량의 0.8%를 차지할 정도로 탄소 다(多)배출 업종이 되었다. 철강(7.2%)과 석유화학(3.6%)을 제외한 다른 대부분 업종의 탄소배출량 비중(0.5~0.7%)보다 높아지면서 일부에서는 데이터센터를 굴뚝산업으로 보기도 한다.[96,97]

이렇게 막대한 에너지를 사용함에도 미래 산업의 성장 동력이라는 이유로 데이터센터는 국가 에너지 정책 및 관리 대상에서 자유로운 편이었다. 그러나 2050년 탄소중립의 선언과 전 세계적인 규제 강화로 데이터센터의 에너지 효율화는 피할 수 없게 되었다.[98,99] 글로벌 IT기업은 데이터센터 운영과 유지에 따른 탄소배출량을 줄이고 에너지 효율을 개선하기 위해 다양한 방법을 시도하고 있으며 외부 환경의 냉기를 활용하는 북극이나 해저로 눈을 돌리고 있다. '나틱'은 MS를 위해서뿐 아니라 지구를 위해서도 주목해 볼 사례다.

지구를 살리고 돈도 버는 CCUS

탄소포집·활용·저장(CCUS) 기술은 말 그대로 탄소(Carbon)를 포집(Capture), 활용(Utilization) 또는 저장/격리(Storage/Sequestration)하는 기술로, 포집한 이산화탄소를 자원화하는 것까지를 일컫는다. CCUS는 이미 1972년에 미국 발베르데 천연가스 발전소에서 활용되기 시작했고, 이후 약 50년 꾸준한 발전을 통해 최근에 상용화 단계에 이르렀다.

CCU는 수소화 전략에서 빼놓을 수 없는 기술이다. 전 세계적으로 2050년까지 수소에너지 수요가 2015년에 비해 약 10배 가까이

증가하여 전체 에너지 수요의 7%를 감당할 것으로 예상된다.[100]

수소 경제는 크게 그레이(Grey)수소, 블루(Blue)수소, 그린(Green)
수소로 나뉜다.

① 그레이수소: 기존 화력발전소 또는 석유화학 공정이나 철강 등을 생산
할 때 발생하는 부산물로 나오는 수소 즉 부생 수소와 천연가스 개질(改
質)로 얻은 것
② 블루수소: 그레이수소를 만드는 과정에서 CCU 기술을 활용하여 탄소
배출을 줄이고 수소만 걸러낸 것
③ 그린수소: 재생에너지 전력으로 만드는 수소

수소는 자연상태에서 물이나 메탄, 암모니아, 불화수소 등 여러
화합물로 존재하는데, 결합력이 커 수소를 분리하는 데 많은 에너
지가 필요하다. 재생에너지를 이용해 '물을 전기분해(수전해)'해서
얻은 수소가 그린수소다. 수소 생산과정에서 온실가스 배출이 전
혀 없는 깨끗한 수소라는 뜻이다. 전기를 이용해 가스 형태의 수소
를 만들기 때문에 수전해를 'P2G(Power-to-Gas)'라고도 한다.[101]

그린수소가 당연히 가장 이상적이지만 비용과 현실 여건을 감
안할 때 그레이수소와 블루수소를 거치지 않을 수 없고 또한 겹쳐
지는 상태를 피할 수 없어 보인다. 경제·산업계 동향이 실제로 그

렇다.

국내에서 에쓰오일은 수소 제조공정에서 발생하는 다량의 이산화탄소가 포함된 부생가스를 동광화학에 공급하고, 동광화학은 부생가스를 받아 CCU 기술로 이산화탄소를 정제해 산업 및 식품용 액화탄산과 드라이아이스를 생산하고 있다.[102] 울산 울주군 온산읍에 있는 에쓰오일 울산공장은 인접해 있는 동광화학에 2016년 파이프라인을 연결하여 이후 부생가스를 공급하고 있다. 현재 연간 10만 톤 규모의 액화탄산을 에쓰오일과 협력해 생산하는 동광화학은 생산설비를 두 배로 증설하여 2022년 말부터 생산량을 두 배로 늘릴 계획이다.

한국중부발전은 충남 보령시에 연간 25만 톤의 블루수소를 생산할 수 있는 수소 생산기지 건설을 위해 2조5000억 원의 투자를 논의 중이며, 이르면 2025년 중반 수소 생산 및 판매를 시작할 것으로 기대된다.[103]

롯데케미칼은 CCU 설비를 공장 굴뚝에 설치하여 탄소를 폴리카보네이트(PC) 제품의 생산 원료로 사용하거나 드라이아이스, 반도체 세정액 원료 등으로 만들어 인근 중소 화학사에 판매하고 있다.[104] 미국의 란자테크(LanzaTech)라는 회사는 버진애틀랜틱항공과 협력하여 탄소포집 방법으로 추출된 지속가능항공연료(SAF, Sustainable Aviation Fuels)인 에탄올로 2018년에 보잉 747을 운행하

는 데 성공했다.[105]

지금은 산업여건상 에너지 및 석유화학, 정유회사가 가장 활발하게 CCU 기술을 활용하는 편이다. 지하 퇴적층에 이산화탄소를 저장함으로써 지하의 압력을 높여 원유를 비교적 쉽게 채굴하는 '석유회수 증진(EOR, Enhanced Oil Recovery)' 기술도 대표적 CCU 기술로 꼽힌다. 석유회수 증진 기술을 통해 탄소를 줄일 수 있지만 이 기술이 단순히 석유를 더 많이 생산하려는 목적에 복무하는 것이라는, 즉 '그린워싱(Greenwashing)*' 기술이라는 비난 또한 받는다. 따라서 아직 온실가스 감축량으로 인정을 받지 못하고 있다. 갑론을박이 당분간 이어질 전망이다.[106]

현재까지는 1톤의 이산화탄소를 처리하는 비용의 추정 범위가 굉장히 넓다. 스위스 스타트업 클라임웍스(climeworks)는 이산화탄소를 포집하는 데 드는 비용을 현재 1톤 당 600~1000달러에서 2024년까지 200달러로 낮춘다는 목표를 세웠다.[107] 2018년에 미국 하버드대학교 물리학과 데이비드 키스(David Keith) 교수가 이산화탄소 포집 비용을 1톤 당 94~232달러까지 낮출 수 있다는 분석을 내놓아 상용화 기대를 높인 바 있다.[108] 설비를 구축하는 비용 또한 만만치 않다. 영국의 탈탄소 수소 에너지 클러스터 '하이넷 노스웨

---

* 실제로는 친환경적이지 않지만 마치 친환경적인 것처럼 보이거나 홍보하는 '위장환경주의' '친환경위장술'을 일컫는다. 'green'과 'white washing'(눈속임)의 합성어다.

스트(Hynet North West)'의 프로젝트는 매년 1.1메가톤(1MT=100만 톤)의 이산화탄소를 감축하는 사업으로 기획되었는데, 초기 투자 비용이 9억2000만 파운드에 달했다.[109] 따라서 현재로선 경제성에 의문이 많이 들 수밖에 없다.[110]

최근 스타트업인 클라임웍스가 사업에서 이익을 내면서 CCU가 석유산업 바깥의 비즈니스 모델로서도 주목을 받기 시작했다. 클라임웍스의 비즈니스는 이산화탄소를 제거해주는 구독경제 모델이다. 클라임웍스는 확장 가능한 소규모의 조립식 설비를 운영하여 매달 7유로, 21유로, 80유로 등을 가입자로부터 받고 각각 매년 85kg, 255kg, 1톤 상당의 이산화탄소를 제거해준다. 이 서비스를 이용하는 글로벌 기업과 개인이 매년 증가하고 있다.

독일 완성차 업체인 아우디는 연간 1000톤, 미국 핀테크 기업인 스트라이프(Stripe)는 333톤의 이산화탄소를 제거하는 계약을 클라임웍스와 맺었다. 클라임웍스는 이산화탄소를 제거하면서 고객이 이산화탄소의 감축량을 확실하게 측정할 수 있게 해준다.[111]

클라임웍스는 카브픽스(Carbfix), 온파워(On Power)와 협력해 아이슬란드에서 직접공기포집(DAC) 사업인 오르카(Orca) 프로젝트를 수행 중이다. 클라임웍스의 기술로 잡아낸 순도 높은 이산화탄소를 카브픽스가 2년 안에 탄산염 광물로 바꾸고 광물화 과정에 필요한 에너지는 온파워가 지열에너지로 공급하는 삼각 협력 모델을

2장. ESG경영의 현장

[그림 2-20] 오르카 프로젝트 (출처: 클라임웍스)

구축했다.

2021년 9월 8일 아이슬란드에서 클라임웍스는 세계 최대 규모

DAC 시설을 가동했다. 기후변화를 유발하는 대기 중 이산화탄소를 직접 포집해 제거하는 직접공기포집(DAC, Direct Air Capture) 기술은 이론상 '탄소 네거티브'를 직접적으로 또 가시적으로 실현할수 있는 인상적인 구상이지만, DAC 운용에 필요한 에너지와 물 소비량 등이 상당히 큰 편이라 배보다 배꼽이 더 큰 것이 아니냐는의문이 있었다. 오르카는 아이슬란드에서 가장 큰 지열발전소인온파워에서 재생에너지를 공급받기에 기존 CCUS 설비와 비교해현저하게 적은, 탄소포집량 대비 10% 이하의 이산화탄소만 배출하는 것으로 알려져 있다.

과거에는 공상 취급을 받았던 DAC가 오르카 외에도 지난해 세계 여러 곳에서 10곳 이상이 가동 중이라고 한다.

재생에너지를 안정적으로 사용하려는 애플의 노력

애플은 자사 운영 활동의 재생에너지 사용률을 100%로 유지하고, 공급망 또한 청정에너지로 전환할 계획이다. 애플은 2021년 3월 31일 110곳 이상의 협력업체로부터 애플 제품 생산에 100% 재생에너지를 사용하겠다는 약속을 받았다. 약속이 모두 실행되면 연간 1500만 톤의 이산화탄소 배출을 없애게 된다. 340만 대의 차량 운행 중단에 상당하는 효과다.

애플은 전 세계 애플 협력업체의 재생에너지 사용을 도울 수 있는 새로운 도구를 개발하는 데에 투자한다. 애플의 자체적인 재생에너지 전환 과정에서 얻게 된 경험을 공유하면서, 애플은 협력

[그림 2-21] 애플의 캘리포니아 플랫 태양광 발전단지 전경 (출처: 애플)

업체에 국가별 맞춤형 정보가 담긴 다양한 자료 및 교육훈련 자료를 소개하고 있다. 또한 전문가들의 도움을 받아 협력업체에게 최첨단 맞춤형 교육을 제공하고 있다. 협력업체가 위치한 각 지역에서 재생에너지와 관련한 기회를 자세히 알고 활용할 수 있도록 이들이 가입할 수 있는 재생에너지 산업 단체의 창설 및 성장을 지원한다.

풍력과 태양광 발전이 전 세계 많은 지역에서 가장 유망한 새로운 전력 공급원으로 부상하고 있지만, 이 발전 기술이 지닌 생산의 간헐성은 보급 확산을 저해한다. 간헐성, 즉 생산이 들쭉날쭉한 현상을 해결하는 한 가지 해결책은 에너지 저장이다. 생산된 에너지를 모아두었다가 필요할 때 안정적으로 사용하겠다는 발상이다. 예컨대 내리는 시점이 불규칙한 비를 댐 같은 데 모아두면서 관을 통해 필요할 때마다 공급한다고 생각하면 된다. 애플 또한 이 사업에 투자하고 있다.

애플은 미국 내 최대 규모의 배터리 프로젝트 중 하나인 캘리포니아 플랫(California Flats)을 건설 중이다. 240MWh 규모의 에너지를 저장할 수 있는 프로젝트로, 하루에 7000가구 이상에 전력을 공급할 수 있는 규모다. 이 건설 사업은 130MWh 규모인 애플의 캘리포니아 지역 태양광 발전 시설을 지원하는 것으로, 낮에 생산된 에너지 중 여유분을 저장해 두었다가 밤 같은 시간 등 필요할 때 쓰게 된다.

RE100

　재생에너지(Renewable Energy) 100%를 의미하는 'RE100'은 기업이 자사에서 사용하는 전력의 100%를 재생에너지로 충당하겠다고 자발적으로 약속하는 전 세계에 걸친 캠페인이다. 살펴보았듯, 애플의 사례가 여기에 해당한다. 국제 비영리 단체인 '클라이밋 그룹(Climate Group)'과 '탄소정보공개프로젝트(CDP, Carbon Disclosure Project)'가 2014년 '뉴욕 기후주간(Climate Week NYC 2014)'에서 발족시켰다. 발족 당시 이케아를 비롯한 13개 기업이 참여했으며, 이후 회원사가 꾸준히 증가해 2022년 1월 현재 이케아, 애플, 구글 등 349개 기업이 회원이다. 우리나라에서는 2020년 SK그룹의 6개 자회사를 시작으로 2021년까지 14개 기업이 회원으로 등록했다.

　RE100은 2050년까지 기업에서 사용하는 전력량의 100%를 재생에너지로 사용하는 것을 목표로 한다. 재생에너지는 화석연료를 대체하는 태양열, 태양광, 바이오, 풍력, 수력, 지열 등에서 발생하는 에너지를 가리킨다. 회원사들은 RE100을 달성하기 위해 태양광 발전 시설 등을 통해 직접 재생에너지를 생산하거나 재생에너지 발전소에서 전기를 구입하게 된다. 어떤 방식을 사용하든 회원사는 전 세계 모든 사업장에서 사용하는 전력을 재생에너지로 바꾸어야 한다.

　전 세계 전기 사용량의 절반 가량을 차지하는 제조업이나 서비스업 기업들은 안정적이면서 저렴한 에너지 공급원을 필요로 한다. 지금까지는 화석연료가 이러한 역할을 담당했지만, 천연자원을 고갈시키고 환경을 오염시키는 단점으로 대안이 필요하다는 지적이 있은지 이미 오래다. 재생에너지는 환경친화적이면서 생산가격이 점차 낮아지고 있고 더불어 안정성이 높아지고 있어, 화석연료의 확실한 대안이라 할 수 있다. 재생에너지 사용은 탄소 배출 감축 목표를 달성할 수 있게 해 줄 뿐 아니라 중장기적으로 기업의 경쟁력을 높이는 데에 도움이 될 것으로 기대된다.

　국내에서는 RE100에 본격적으로 참여할 수 있는 기반을 구축하고 재생에너지 사용 활성화를 통해 우리나라 기업의 경쟁력을 강화하기 위해 2021년 한국형 RE100(K-RE100) 제도를 도입하여 시행하고 있다.[112]

[그림 2-22] RE100을 위한 풍력 에너지 발전

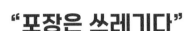

"포장은 쓰레기다"

화장품 회사 러쉬(Lush)는 "포장은 곧 쓰레기다(Packaging is rubbish)"를 모토로 포장 없는 제품, 즉 '네이키드(Naked) 제품'을 개발하여 판매한다. 러쉬 제품의 절반을 차지하는 배쓰밤, 샤워 젤리, 고체 샴푸 같은 제품은 포장재 없이 판매된다. 러쉬의 포장 없는 고체 샴푸바는 전 세계적으로 약 600만 개의 플라스틱 병을 절감하는 효과를 거둔다.[113]

러쉬의 모든 제품 포장(종이봉투, 알루미늄통, 선물포장, 리본, 상자, 태그 및 삽입물 포함) 중 재활용재 함량은 89%다. 구매한 자재 1톤당 900kg이 재활용 자원에서 나온다는 뜻이다. 캐리어 종이백은

[그림 2-23] 러쉬의 채러티 팟 (출처: 러쉬)

100% 재활용 종이로 만들어져 매년 100톤의 이산화탄소를 줄인 다. 선물포장용 종이는 감자 전분으로 만들어져 100% 생분해된다. 로션 등 어쩔 수 없이 용기가 필요한 제품은 '블랙 팟(Black pot)'이 라는 폴리프로필렌으로 된 재활용 용기를 사용한다. 구매자가 사 용한 블랙 팟 용기 5개를 깨끗이 씻어 매장에 제출하면 새로운 마 스크 제품(75g)으로 교환해 주는 행사는, 2013년부터 진행되고 있 는 러쉬의 대표적인 재활용 프로그램이다. 재활용 용기 블랙 팟은 2013년 3만8405개를 시작으로 2019년엔 총 27만6850개가 수거되 어 다시 사용되었다.[114]

"거대 기업의 나쁜 점은 모두 가진"
월 마트의 물류혁신

2000년 매출 1910억 달러로 세계 2위 기업에 올랐던 미국의 월 마트는 2021년까지 8년 연속 〈포춘〉 500대 기업[115]의 1위를 유지했다. 월 마트의 경쟁력은 혁신적인 물류시스템에 기인한다.

월 마트는 초창기부터 수많은 매장을 설립하여 많은 고객을 유치하는 데 집중했다. 결과적으로 미국 인구의 90%가 월 마트 오프라인 매장에서 10마일 이내에 거주하게 되어 유통업체로서 큰 우위를 가지게 되었다.[116] 월 마트는 전 세계에 물류센터 210개를 보유하고 있으며 각 물류센터는 100여 개의 매장과 연결된다. 상품 운송에는 총 9000대의 트랙터, 8만대의 트레일러 및 1만1000명 이상의 운전사가 배치된다. 월 마트 공급망은 규모의 경제를 가능케 해 계속해서 공급망의 혁신을 주도하는 선순환으로 이어졌다.

재고를 줄이고 물류 흐름을 원활하게 하는 '크로스 도킹' 시스템과 자체 위성통신망을 구축하는 등 혁신을 선도한 월 마트는 최근 기후위기 대응과 물류 효율 제고를 결합하는 방향으로 유통업계의 변화를 이끌고 있다.

2017년 월 마트는 로봇 공학 및 자동화 기술 기업 '심보틱(Symbotic)'과 협력하여 공급망 혁신에 들어갔다.[117] 심보틱에서 제공한 첨단 시스템은 '심봇(Symbot)'이라고 불리는 자율 로봇을 물류센터에 배치하여 물류를 스마트화한 것으로 요약된다. 월 마트는 몇 개 물류센터에서 시험 실행한 결과를 바탕으로 25개의 지역 물류센터로 이 기술을 단계적으로 확대할 계획이다.[118]

[그림 2-24] 직원이 직접 물품을 분류하고 이동한 기존 물류센터(왼쪽)와
심봇 로봇이 작업하는 새로운 물류센터의 모습(오른쪽) (출처: 심보틱)

월 마트가 심보틱과 협력하여 2017년에 처음으로 시스템을 구현한 곳은 미국 플로리다 브룩스빌에 위치한 월 마트 물류센터다. 전반적인 작동구조는 컴퓨터 시스템이 창고 내에서 물류의 구조를 파악하고 최적의 경로를 계산해서 로봇에게 명령을 내리는 방식이다.[119] 로봇은 주문이 들어오면 창고에서 물건을 검색하고 분류하여 고객에게 바로 줄 수 있게 포장까지 한 상태로 직원에게 전달한다.

과거에는 직원이 직접 트레일러를 운전하여 창고에서 필요한 제품을 찾아 가져와 포장했다. 새로 도입한 자동화 로봇이 최대 25mph의 속도(사람이 걷는 속도는 대략 3mph)로 이동하며 처리하기 때문에 작업효율이 크게 높아졌다. 또한 매장으로 이동할 물건을 담는 트레일러에 최대 밀도로 물건을 담아 운송에 소요되는 인력과 동선을 최소화했다. 이 시스템은 모든 물류의 과정을 데이터로 저장하여 컴퓨터 알고리즘이 물류 최적화 방안을 계속 학습하도록 했다.

심보틱의 최고경영자(CEO) 릭 코헨은 〈포브스〉와 인터뷰에서 "수동으로 운영되는 대형할인점 등의 일반적인 창고는 1만~1만 2000개의 물품을 보관할 수 있는 반면 심보틱의 기술을 사용하면 같은 창고의 3분의 2 공간에다 30만 개까지 쌓을 수 있다"고 말했다. 로봇은 수평뿐 아니라 수직으로도 움직이고 인간보다 더 빠르게 효율적인 동선으로 주문받은 상품을 운반하기에 상품이 진열대에 놓이는 시간과 노력이 줄어든다. 이에 따라 관리 인력과 매장의 재고를 줄일 수 있게 된다.[120]

최적화한 물류 동선은 경영뿐 아니라 환경에도 긍정적이다.[121] 스마트 물류시스템에서 축적한 데이터는 다음 주문을 예측하는 데 사용되어 필요한 재고를 더 정확하게 추정하게 될 것이기에 창고 내 보유 재고량이 감소한다.[122] 식료품 재고는 시간이 지날수록 가치가 하락하여 손실로 이어지고 환경에 부정적인 영향을 미치기에 재고관리가 특별히 중요하다.[123] 식품업계의 초과 재고는 막대한 양의 음식물 쓰레기를 배출하게 된다.

유엔 식량농업기구(FAO)에 따르면 매년 생산되는 전 세계 식량의 약 3분의 1(약 13억 톤으로 1조 달러 가치에 해당)이 폐기되고 있다.

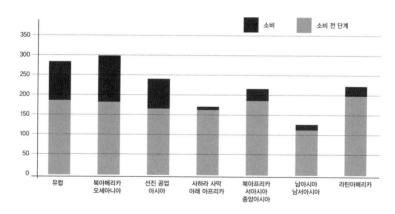

[그림 2-25] 연간 1인당 음식물 손실량을 소비와 소비 전 단계로 구분한 지역별 비교 자료.

(출처: 유엔식량농업기구)

식료품 폐기물은 소비자의 소비 단계에서 낭비되는 음식물 쓰레기와 기업의 식품 생산 및 가공·유통 과정에서 나오는 식품 손실로 나뉜다. 세계 전역에서 후자의 공급망 손실이 실제 소비 단계의 낭비보다 훨씬 더 많았다.[124] 따라서 효율적인 공급망 관리는 초과 재고가 폐기물로 배출되어 환경에 부정적인 영향을 미치는 것을 줄일 수 있다.

2018년 월 마트는 스마트 물류시스템의 확장으로 미국 캘리포니아 주 샤프터에 최초로 신선 및 냉동 식료품을 처리하는 첨단 물류센터를 구축했다.[125] 로봇 스타트업인 '얼럿 이노베이션'이 제공한 알파봇(Alphabot)을 포함한 자동화 시스템을 도입하여 물류의 전 과정을 알고리즘으로 만들었다.[126] 유제품, 냉동식품 등 부패하기 쉬운 각종 식료품이 창고 내에 머무는 시간을 줄여 신선한 상태로 소비자에게 상품이 도달하도록 도와준다. 직원이 직접 상품을 가져와 포장하는 기존 방식에 비해 식품의 손실이 줄어든다. 예를 들어 딸기와 같이 가벼운 제품과 수박과 같이 무거운 제품을 함께 포장할 때 딸기가 으깨지기 쉽다. 하지만 이 물류센터에서는 식료품이 서로 부딪혀 손상되지 않도록 식품의 부피 등을 고려하며 로봇이 옮기기 때문에 운반과 포장 과정의 음식물 낭비를 예방할 수 있다.[127]

월 마트의 스마트 물류 혁신은 기존 센터보다 3배 더 많은 물류량을 처리하고 고객이 필요한 제품을 더 빠르게 가져다 주기에 월마트의 핵심 전략과 부합한다.[128] 더불어 식품 폐기물을 줄여 친환경 가치를 창출한 모범적 사례로 평가된다.

심봇 로봇 외에도 월 마트는 물류센터에 지속가능한 기술을 도입하여 지속가능한 공급망으로 변화를 꾀하고 있다. 2020년에 월마트는 2040년까지 탄소배출 제로를 달성하고 2030년까지 공급망의 배출을 1기가톤 줄이겠다는 목표를 발표하며 적극적으로 기후변화에 대응하고 있다. 온실가스 배출량을 2015년 배출량을 기준으로 2025년까지 35%, 2030년까지 65% 줄이는 것이 세부 목표다.[129]

우선 에너지 부문의 변화를 모색하고 있다. 월 마트 탄소배출량의 큰 부분은 전기에서 비롯하기에 탄소 제로 목표를 달성하려면 지속가능한 에너지로 대체하는 것이 필수적이다. 2005년부터 월마트는 재생에너지 도입과 에너지 효율성 향상을 위해 노력했으며 재생가능한 에너지로 100% 전환하겠다고 이미 2013년에 발표했다.[130] 월 마트는 2010년에 에너지 효율이 기존 물류센터보다 60% 더 높은 지속가능한 물류센터를 캐나다에 최초로 개설했다.[131] 수소 연료 전지, 풍력 및 태양광 발전, 에너지 절약을 위한 LED 조명, 에너지 효율이 높은 냉동 시설 등을 물류센터에 도입했다.

미국 환경보호청에 따르면 2022년 4월 현재 미국의 연간 친환경

전력 사용량 순위에서 월 마트가 유통업계 1위를 차지했으며 전체 전력 사용량 대비 월 마트의 친환경 전력 사용량이 13%였다.[132]

월 마트는 자사의 혁신이 공급업체 전체로 퍼져나가야 한다고 본다. 2017년에 시작한 '기가톤 프로젝트(Project Gigaton)'는 월 마트 공급망 내 협력사가 기후행동에 동참하도록 유도하는 것으로 2030년까지 월 마트로 이어지는 공급 사슬에서 협력사의 온실가스 배출량을 1기가톤 줄이는 것을 목표로 한다.[133] 협력사가 CDP(탄소 정보공개프로젝트)가 정한 기준을 충족할 때 자금을 지원하는 등 많은 업체가 프로젝트에 참여하도록 유인책을 펴고 있다. 2019년부터는 홍콩상하이은행(HSBC)이 참여하여 자금 지원을 담당한다.[134]

HSBC는 평균적으로 지구 탄소 발자국의 80%가 공급망에서 나오기 때문에 공급망의 탄소 저감 노력이 매우 중요하다고 밝혔다.[135] 현재 4516개 공급업체가 이 프로젝트에 공식 서명했다. 프로젝트 수행 결과 2021년 기준으로 월 마트는 2017년 이래 누적 4억 1600만 톤 이상의 이산화탄소 배출을 피했다고 보고했다.[136, 137] 미국 도로에서 약 8000만 대 이상의 승용차를 1년 동안 없앤 것과 같은 효과다.[138]

월 마트는 '기가톤 프로젝트'에 함께한 공급업체, 특히 중소기업들이 탄소배출량을 측정하고 보고할 수 있도록 도와준다. 탄소배출량을 줄이기 위해서는 배출량을 측정하고 수치화해 객관적인 데이터를 만드는 것이 중요하기 때문에 세계 여러 나라의 중소기업이 쉽게 접근할 수 있도록 월 마트의 지속가능한 허브 사이트를 통해 다양한 언어로 디지털 자원을 제공한다.[139]

'기가톤 프로젝트'의 목표는 전체 공급망을 포괄한 공동의 기후 행동 체계를 만드는 것이다. 기후행동은 한 기업이 혼자 할 수 없으며 여러 기업이 함께 해야 성공할 수 있지만 상대적으로 자원이 부족한 중소기업은 이 행동에 참여하기가 쉽지 않다. 월 마트는 모든 공급업체가 쉽게 동참할 수 있도록 프로젝트를 구상하고 공급망 네트워크를 구축함으로써 지속가능 기업을 향해 나아가고 있다. 한때 〈포춘〉이 "거대기업의 나쁜 점은 모두 가진" 기업으로 언급한 월 마트의 변신이 최종적으로 어떤 성과를 거두며 어떤 평가를 받을지 궁금해진다.

인권경영 선도 기업으로 거론되는 유니레버는 2014년 '유엔 기업과 인권 이행원칙(UNGPs)'을 이행하겠다고 공개적으로 선언한 이후 〈인권보고서〉를 계속 발간하고 있다. 유니레버는 자사의 중대한(salient) 인권 이슈로 차별, 공정 임금, 강제노동, 결사의 자유, 성희롱, 건강과 안전, 토지권, 노동시간의 8개를 제시했다. 유니레버의 〈인권보고서〉는 16개 언어로 번역되어 각국에 제공된다.[140]

유니레버는 인권을 증진하는 직장 문화를 구축하기 위해 24개 항목으로 된 사업강령(Code of Business Principle)을 제정했다. 사업강령은 모든 직원이 업무 중 이행해야 하는 윤리적 행동과 회사가 직원의 권리를 존중하기 위해 해야 하는 사항을 정의했다.

유니레버는 인권의 날을 이용한 인권 옹호 활동을 비롯하여, 회사 내부 공지사이트, 내부 학습 플랫폼 등에서 지속적으로 인권캠페인을 펼친다. 3년마다 모든 직원에게 인권 존중 교육을 실시하고, 내부망을 통해 주요 정책 간행물·보고서·모범사례 등을 공유한다. 직원이 자신과 다른 사람의 권리를 이해하고 업무에서 인권 존중 책임을 인식하는 데 도움을 줄 수 있도록 교육 프로그램을 개발했다.[141]

[그림 2-26] 유니레버 '지속 가능한 삶 계획' 10년 결과 보고서

가난한 사람들을 위한 금융 서비스
그라민은행의 탄생과 마이크로크레딧의 명과 암

방글라데시의 작은 마을 조브라에 사는 22세 여성 소피아 카툰은 허름한 집에서 주 7일 내내 대나무 가구를 제작하며 살았다.[142] 소피아는 중간상인에게서 5타카(당시 환율로 22센트)를 받아 재료를 사서 하루 종일 대나무 의자를 만든 뒤 중간상인에게 넘겨주고 5타카 50파이사를 받았다. 재료비를 제하고 소피아 수중에 남은 돈은 50파이사(2센트)가 된다.[143] 소피아는 숙련된 기술을 가지고 있었고 열심히 일했지만 매일 버는 50파이사로는 근근이 생계를 이어갈 뿐 가난으로부터 벗어날 수 없었다.[144] 중간상인의 절대적 영향 아래 놓였지만 고용된 것도 아닌 애매한 관계였다. 그래도 소피아는 고리대금업자를 피한 그나마 최악은 면한 사례이며, 고리대금업자의 수중에 놓인 사람들의 형편은 더 나빴다. 1970년대 방글라데시에서는 소피아와 같은 수많은 서민이 고리대금업자로부터 착취당하는 등 극한의 빈곤 속에서 고통받았다.

얼마 후 소피아의 생활은 달라진다. 수입이 이전보다 60배 이상 늘어나 1달러 25센트가 되었다. 의자 만드는 작업을 기계화한 것도, 공공기관의 원조를 받은 것도 아니었다. 단지 중간상인으로부터 재료비를 빌리지 않고 직접 재료를 사서 물건을 만들어 팔 수 있게 되었을 뿐이었다.[145] 치타공대학 경제학과 교수 무하마드 유누스가 소피아에게 담보 없이 소액을 빌려주어 가능한 기적이었다. 널리 알려진 그라민은행 탄생 이야기다. 소피아가 고리대금업자에게서 돈을 빌렸다는 것은 잘못 알려진 정보지만, 실제 당시 방글라데시 빈곤층의 다수가 고리대금업자의 마수에서 벗어나지 못했다.

유누스는 미국 유학시절 배운 서구의 경제이론이 방글라데시와 같은 개발도상국의 현실과 동떨어져 있다는 사실을 깨닫는다. 1971년 독립 선언 이래 250억 달러가 넘는 해외원조를 받았지만 여전히 무수히 많은 국민이 굶주리고 죽어 나가는 현실에서 고도의 기술력을 바탕으로 성장하는 서구 국가의 경제이론을 적용할 수 없었다.[146] 방글라데시의 실제 삶이 반영된 실물경제를 알고 싶었던 유

[그림 2-27] 유누스(왼쪽)가 노벨평화상을 받고 손을 흔들고 있다.

누스는 1974년 캠퍼스를 벗어나 근처에 있는 조브라 마을에 가게 된다.

거기서 소피아를 비롯하여 가난한 사람들을 만났다. 그들은 고리대금업자가 일주일에 10%의 이자를 요구했다고 증언했다. 이 이자를 1년 치로 계산해 봤더니 시장경제의 이론을 적용할 수 없는 연간 3000% 넘는 천문학적인 숫자였다.[147] 유누스는 마이무나라는 여학생에게 마을을 돌아다니며 소액대출을 필요로 하는 사람을 조사하도록 했고, 마이무나는 소피아를 포함해 42명의 명단을 만들어왔다. 유누스는 그들이 필요한 자금이 약 27달러에 불과했다는 사실에 다시 한번 놀라게 된다.[148, 149] 그는 자신의 지갑에서 꺼낸 27달러로 마을의 42명의 여성에게 무담보로 빌려주었다.

대출을 받은 여성들은 바구니를 만들어 팔았고 빌린 돈을 빠르게 갚았다. 그는 소액대출이 그들이 생존하는 데 도움이 될 뿐만 아니라 힘을 주고 빈곤에서 벗어나고자 하는 의지를 심어준다는 것을 직접 경험했다.[150] 이때의 경험이 1976년 무담보 소액 신용대출인 '그라민은행(Grameen Bank) 프로젝트'로 이어졌다. '그라민'은 방글라데시어로 마을을 뜻한다.

이 프로젝트는 시행된 후 1979년까지 3년 동안 500명이 넘는 사람에게 대출해 주었고 대출을 받은 사람들은 전보다 더 나은 생활을 할 수 있었다. 게다가 전통적인 방식의 다른 은행들에 비해서 상환율이 더 높았다는 점이 주목을 받았다.[151]

그라민은행의 초기 성공을 기반으로 1979년 방글라데시 중앙은행이 '그라민 프로젝트'를 채택하면서 그라민은행은 방글라데시 전국의 여러 지역으로 확대되어 운영되었다. 1983년 유누스는 그라민은행을 정식 법인으로 설립하고 독립은행으로 전환하여 극빈층, 특히 사회적 약자인 여성에게 담보 없이 소액을 대출해주는 신용대출사업을 본격화했다.[152, 153]

대출한도는 1인당 150달러 내외의 소액으로 비교적 작지만 그들이 기계 수리, 인력거 구입, 젖소, 옷감 등 소규모 사업에 필요한 자금을 조달하기에 충분하다. 현재 기본 대출의 금리는 20%이며 대출상환율은 2022년 3월 기준 97.2%이다.[154, 155, 156, 157] 2019년 조사에서도 상환율은 평균 96% 이상이었다.[158]

그라민은행은 세계에서 상징적인 위치를 차지한다. 가난한 사람도 금융 대출을 받고 상환할 수 있다는 것을 증명한 공로를 인정받았다. 그라민 모델의 아이디어는 전 세계로 널리 퍼졌으며 유누스는 2006년에 자신이 설립한 그라민은행과 함께 공동으로 노벨 평화상을 받았다. 창립 초반인 1980년에 회원이 1만5000명 미만이었지만 2021년 10월 현재 방글라데시 마을의 93% 이상인 8만1678개 마을에서 944만 명이 회원이 되었다.[159, 160] 2020년 보고서에 따르면 창립 이래 누적 316억 달러 이상의 금액을 회원에게 대출했다.[161]

그라민은행의 성공적인 정착은 '마이크로크레딧(Microcredit)'의 필요성을 인식시키는 계기가 된다. 마이크로크레딧은 금융에서 소외된 사회적 취약계층에게 무담보 신용대출로 소액의 창업자금을 지원해주고 동시에 교육훈련 등 비금융 지원 서비스를 제공하여 자립을 돕는 금융기법이다. 사실 마이크로크레딧은 그라민은행 이전에 시작되었다. 1720년대 아일랜드 작가 조나단 스위프트가 영국 식민 치하의 조국의 비참한 삶을 바라보며 '가난한 예술가들의 생활고를 도와줄 방법이 없을까' 고민하다가 조건 없이 소액의 자금을 대출해준 것이 시초다. 그라민은행은 무담보 소액 신용 대출의 은행 시스템을 정착시켜 세계에 널리 알리고 새로운 금융 질서를 만들었다는 데에 의의가 있다.[162,163]

마이크로크레딧은 방글라데시와 같은 개발도상국뿐만 아니라 미국을 비롯한 선진국에도 진출했고 유엔이 2005년을 '마이크로크레딧의 해(International Year of Microcredit)'로 지정할 만큼 세계적인 관심을 받았다.[164]

그라민은행에서 영감을 받아 다양한 마이크로크레딧 기업이 등장했다. 처음에는 빈곤 퇴치를 위한 효과적인 금융수단이라는 평가를 기반으로 비영리재단과 자선 투자자를 중심으로 사업을 전개했으나 영리은행을 포함하여 많은 투자자가 이 신흥시장에 자금을 투입하기 시작했다. 대표적으로 인도의 SKS마이크로파이낸스는 1998년 자선단체로 출범했으나 상업자본이 필요하다는 판단 하에 외부 자본을 투자 받아 2005년 영리단체로 전환하여 마이크로크레딧 사업을 진행하고 있다.[165,166] 마이크로크레딧이 투자수익을 창출할 수 있는 하나의 비즈니스 모델이 되었음을 보여주는 사례다.[167]

원래 가난한 사람의 자활을 도우려고 시작한 사업이 1990년대 들어 막대한 자본이 투입되면서 지나친 상업화 경향을 나타나기 시작했다. 일부 마이크로크레딧 기관이 고리대금업자와 비슷한 정도로 높은 이자율을 부과하는 사례가 등장하고 대출을 무리하게

받은 저소득층이 상환 문제로 고통을 받고 있다는 현실이 알려졌다.[168]

2010년에 인도 안드라 프라데시에서 부채로 고통받던 주민 200명 이상이 스스로 목숨을 끊은 사례가 보고되었다. 주정부는 소액대출 회사가 과도한 부채를 부추기고 차용인을 너무 가혹하게 압박한 것이 원인이라고 말했다.[169] 이에 따라 그해 10월 15일 안드라 프라데시 주정부는 소액대출 기관의 수금인이 차용인을 찾아오는 것을 금지하는 조치를 취했다.[170]

마이크로크레딧 기관이 과도한 이자를 부과하기 시작하면서 차용인이 부채의 악순환에 빠질 수 있다고 경고하는 목소리가 커지고 있다. 대표적으로 마이크로크레딧 기관을 감시하는 방글라데시 정부 산하 기구인 PKSF의 회장 카지 아마드는 "소액대출이 가난한 사람에게 죽음의 덫이 될 수 있다"고 말했다. 카지는 "가난한 사람들이 결과를 생각하지 않고 대출을 받는 사례가 많으며 대출자의 60%가 대출상환에 관한 고려 없이 여러 곳에서 대출을 받는다"고 지적했다.[171]

그라민은행도 이와 같은 비판을 피해가지 못했다. 한때 전 세계적으로 칭송받은 유누스는 일부 방글라데시 국민으로부터 '사채업자 유누스'라고 불리며 가난을 팔고 있다는 비판에 직면했다. 2011년에 보도된 〈뉴욕타임스〉 기사에 따르면 방글라데시 총리 셰이크

청소년이 알아야 할 ESG

하시나는 "유누스의 소액대출이 빈곤 완화라는 명목으로 가난한 사람들의 피를 빨아 먹는다"고 비난했다.[172]

방글라데시 출신의 미국 오리건대 교수 라미아 카림이 현지 조사를 통해 집필한 책 〈가난을 팝니다〉는 혁명적 대안으로 불리는 마이크로크레딧의 실상을 폭로한다. 저자는 치타공 마을을 방문하여 유누스가 그라민은행을 시작하는 계기가 되어준 소피아 가족을 만났다. 기대와 달리 저자가 목격한 소피아 가족의 상황은 나아지지 않았다. 그라민은행은 소피아의 이야기를 이용해 세계적인 명성을 얻었지만, 소피아는 여전히 가난에서 벗어나지 못한 상태였다.[173]

카림은 그라민은행을 비롯한 이른 바 '착한 자본주의'가 결코 신자유주의 논리에서 벗어나지 못했음을 지적했다. 가난한 사람을 위한 착한 일은 이윤의 극대화와 결합되었으며 토지, 물, 식량 등에 관한 구조적 개선 없이 이윤과 소비자 확대를 강조하는, 신자유주의 방식과 다를 것이 없는 접근법에 치중했다고 비판했다.

그라민은행이 내세우는 높은 회수율의 이면도 폭로했다. 대표적으로는 강압에 의한 회수였다. 대출 담당자는 회수율을 높게 유지하라는 상부의 압박을 받았고, 채무자는 빚을 상환하기 위해 다른 기관에서 또 다른 대출을 받기도 했다. 빚을 갚지 못하면 집을 부순 뒤 그 자재를 팔아 빚을 상환하는 상상을 초월한 사례까지 나타났다. 그라민은행이 높은 상환율을 기록한 이면의 참담한 현실이었다. 고리대금업자의 횡포와 크게 다를 바가 없어 보인다.

카림은 그라민은행이 강조한 빈민 여성의 삶에 대한 질 개선이 실질적으로 이루어졌는지에 의문을 제기했다. 물론 그라민은행의 소액대출 사업이 가난한 여성의 삶의 질을 높이기 위해 노력한 것은 맞다. 하지만 여성이 대출을 받았지만 실제 사용자는 대부분 남성이었다. 특히 농촌 여성은 실질적인 자본의 소유자가 아니었다. 비록 여성이 주요 대출 대상이지만, 많은 남편이 일단 그들의 아내가 돈을 얻으면 통제권을 주장하기 때문에, 종종 남성이 실질적인 수혜자였다. 즉 여성의 권리 향상을 기한다는 목표를 표방했지만 자본주의와 가부장제가 강력하게 결합한 사회에서 아무런 보호장치 없이 가난하고 취약한 여성을 대출시장으로 끌어온 것이라는 비판이 가능하다.[174, 175]

저소득, 저신용의 금융 취약계층은 여전히 많다. 적절한 금융지원 없이 이들이 가난의 악순환에서 빠져나오기 힘든 것이 사실이다. 정부, 금융기관, 사회가 이들에 관심을 가지고 포용적 금융을 강구해야 한다는 데에 이견은 없다.[176] 그라민은행의 소액대출은 빈곤을 근본적으로 해결해주지 못했다는 비판에 직면했지만 금융 약자를 보호하려는 포용적 금융 운동을 세계에 널리 전파한 공로는 인정받아야 한다.

마이크로크레딧에 관한 유럽의 행동 강령(European Code of Good Conduct for Microcredit Provision)은 마이크로크레딧의 모범 사례를 수립하고 운영 및 보고 표준을 파악한다. 행동 강령은 고객 및 투자자, 거버넌스, 리스크 관리, 보고 표준, 관리 정보 시스템까지 크게 5개의 카테고리로 나뉜다.

궁극적으로 이 행동 강령은 마이크로크레딧이 사회에 제공할 수 있는 뛰어난 가능성을 인식하고 소액금융의 지속가능한 관행을 성공적으로 정착시키기 위한 것이다. 지나친 상업화 경향과 함께 급속히 증가한 마이크로크레딧 기업은 저마다 각기 다른 규칙을 만들었고 견제가 어려웠다. 일각의 부정적 관행에도 불구하고 건전하고 지속가능한 마이크로크레딧 제도의 정착과 확산에 관한 실험과 논의는 계속되어야 하지 않을까. 그렇지 않다면 가난한 사람은 계속 금융서비스에서 제외되어야 하기 때문이다.

2장 미주

1 코카콜라 홈페이지(coca-colacompany.com)(sustainability) "2022년 2월 28일 확인"

2 Judith Rehak. (2002, Mar. 23..). "Tylenol made a hero of Johnson & Johnson:the recall that started them all". NY times. ※ Mary Kellerman(12) 사망, Adam Janus(27), Stanley Janus(25) 등 'Extra-Strength Tylenol' 복용 후 사망.1982.9.29. 9:30 AM.

3 오동희.(2007. 3. 7.). "[투명윤리 경영] 투명윤리 경영의 원조 – 존슨앤존슨". 디지털타임즈.

4 Eric Pace. (1982. Nov. 12.). "TYLENOL WILL REAPPEAR IN TRIPLE-SEAL PACKAGE". The New York Times.

5 Thomas D. Dowdell, Suresh Govindaraj, and Prem C. Jain. (1992). 〈The Tylenol incident, Ensuing Regulation, and stock prices〉. Journal of Financial and Quantitative analysis Vol.27. No.2.

6 Margot Hornblower. (1986. Feb. 15.). "Tylenol Maker Offers $100,000". The Washington post.

7 Wolnik, Karen A.; Fricke, Fred L.; Bonnin, Evelyn; Gaston, Cynthia M.; Satzger, R. Duane (March 1, 1984). "The Tylenol Tampering Incident". Analytical Chemistry. 56 (3)

8 김혜영. (2017. 7. 29.). 「나는 걱정부자」 미 1982년 타이레놀 독극물 사태 땐 제약사 '복용말라' 3100만통 회수". 한국일보

9 The Associated Press. (1986. Feb. 24.). "Chronology of Events in Tylenol Poisonings With AM-Tylenol". AP NEWS.

10 Robert D. McFadden. (1982. Oct. 2.)., "POISON DEATHS BRING U.S. WARNING ON TYLENOL USE". The New York Times.

11 Jerry Knight. (1982. Oct. 11.). "Tylenol's Maker Shows How to Respond to Crisis". The Washington Post.

12 김원제. (2006). 〈기업의 지속발전과 위기관리 커뮤니케이션〉. 대한인쇄문화협회. 프린팅코리아 제52권. pp 164-167.

13 Lashonda Louallen Eaddy. (2012). 〈Johnson & Johnson's Recall Debacle〉. STARS. University of Central Florida

14 김호. (2009). "브랜드 살리는 '리콜'의 지혜". 동아 비즈니스 리뷰 47호.

15 존슨앤존슨 홈페이지(jnj.com/credo)

16 Jennifer Latson . (2014. Sep. 29.). "How Poisoned Tylenol Became a Crisis-Management Teaching Model". Times.

17 Don Philps. (1983. May. 10.). "Congress passes anti-tampering bill. UPI.

18 Michael Decourcy Hinds. (1982. Oct. 12.). "TYLENOL SPOTLIGHTS A $6 BILLION INDUSTRY". The New York Times.

19 Katie Thomas. (2012. Oct. 1.). "James E. Burke, 87, Dies; Candid Ex-Chief of Johnson & Johnson". The New York Times.

20 By Steven Prokesc,. (1986. Feb. 15.). "TYLENOL CAPSULE OUTPUT IS SUSPENDED BY MAKER". The New York Times.

21 McNeil Consumer Healthcare Company Worldwide Consumer Pharmaceutical Intranet SiteContent, History of TYLENOL,

22 한국 얀센 홈페이지 (Our Credo | Janssen Korea)

23 Sydney H.Schanberg. (1996, Mar. 28). "Six Cents an hour". Life Magazine.

24 CSR Ranking 100 2019 by Raptrak

25 Brand Finance Apparel 50 2021

26 오픈소스(open source) : 무상으로 공개된 소스코드 또는 소프트웨어. 오픈소스 소프트웨어, OSS라고도 한다.

27 하람비청년 고용촉진단체(Harambee Youth Employment Accelerator) 홈페이지. (harambee.co.za). "2022년 2월 28일 확인"

28 웨비나(Ubenwa) 홈페이지(ubenwa.ai). "2022년 2월 28일 확인"

29 유한킴벌리 홈페이지(yuhan-kimberly.co.kr). "2022년 2월 28일 확인"

30 한국기업경영학회. "송하민, 백미라 & 박병진". (2021). [전략적 CSR이 CSR 진정성 인식과 구매의도에 미치는 영향]. 기업경영연구 28(1). (pp 1138).

31 Harvard Business Review. "Michael. E. Poter & Mark R. Kramer". (2011), [Creating Shared Value: How to Reinvent Capitalism and Unleash a Wave of Innovation and Growth].

32 파타고니아. (2019.11.25.) "이 재킷을 사지 마세요(Don't Buy This Jacket) 블랙프라이데이, 뉴욕타임스". 파타고니아 Official Blog. http://www.patagonia.co.kr/blog/view.php?page=49

33 서진석, 유승권. (2019). 『넥스트 CSR 파타고니아』. mysc. (40쪽).

34 이본 쉬나드. (2020). 『파타고니아-파도가 칠 때는 서핑을』 (이영래 역). 라이팅하우스. (318쪽).

35 이본 쉬나드. (2020). 『파타고니아-파도가 칠 때는 서핑을』 (이영래 역). 라이팅하우스. (349쪽).

36 https://www.fairlabor.org/report/patagonia-assessment-reaccreditation . "2022년 3월 29일 확인"

37 http://www.patagonia.co.kr/shop/inside/article.php?sno=41 . "2022년 3월 29일 확인"

38 서진석, 유승권. (2019). 『넥스트 CSR 파타고니아』. mysc. (40쪽).

39 http://www.patagonia.co.kr/shop/inside/article.php?sno=64. "2022년 3월 29일 확인"

40 이본 쉬나드. (2020). 『파타고니아-파도가 칠 때는 서핑을』 (이영래 역). 라이팅하우스. (361쪽).

41 서진석, 유승권. (2019). 『넥스트 CSR 파타고니아』. mysc. (42쪽).

42 https://www.patagonia.com/our-footprint/corporate-social-

responsibility-history.html "2022년 3월 29일 확인"

Regenerative agriculture를 주로 재생 농업이라고 번역하지만 이본 쉬나드의 자서전 『파타고니아, 파도가 칠 때는 서핑을』의 한국 번역본에서 파타고니아 프로비전의 설립 과정을 설명할 때 '되살림 유기농 농법'이라는 단어를 사용했고, 파타고니아 코리아의 홈페이지에서 2018년 변경된 사명 선언문을 설명할 때 regenerative를 '되살림'이라고 번역한 것을 토대로 기사에서는 regenerative을 '되살림'이라고 표현했다.

파타고니아 코리아가 Regenerative Organic Certification에 대해서는 '재생 유기농 인증'이라고 번역했지만 기사의 통일성과 정확한 의미 전달을 위해 '되살림'이라고 바꾸어 작성했다. 이후 기사에서 가져온 몇몇 인용 문장에 대해서도 regenerative을 재생이라고 번역한 사례가 있는데, '되살림'으로 바꾸어 작성했다.

43 이본 쉬나드. (2020). 『파타고니아-파도가 칠 때는 서핑을』 (이영래 역). 라이팅하우스. (370쪽).

44 고승희. (2018.03.15.). "미래의 식탁을 책임질 5가지 식품 트렌드 (realfoods.co.kr)". 리얼푸드.

45 이본 쉬나드. (2020). 『파타고니아-파도가 칠 때는 서핑을』 (이영래 역). 라이팅하우스. (368쪽).

46 https://kernza.org/. "2022년 3월 29일 확인"

47 https://www.craftbeer.com/news/beer-release/patagonia-provisions-releases-long-root-wit https://brewpublic.com/beer-releases/patagonia-provisions-and-hopworks-partner-on-patagonia-provisions-long-root-ipa/ "2022년 3월 29일 확인"

48 https://landinstitute.org/patagonia-provisions-dogfish-head-launch-kernza-pils-beer/ "2022년 3월 29일 확인"

49 전상희. (2020.08.13.) "파타고니아, 세계 최고 수준 유기농 표준 '재생 유기농 인증(ROC)' 개발 참여 (chosun.com)". 스포츠조선.

50 Mirnda Crowell. https://www.patagoniaprovisions.com/blogs/stories/the-road-to-regenerative-organic-certified. "2022년 3월 29

일 확인"

51 한승희. (2019.01.31.) ""임팩트 투자로 '제2의 파타고니아'를 육성합니다"
– 더나은미래 (futurechosun.com)". 더나은미래.

52 이본 쉬나드. (2020). 『파타고니아-파도가 칠 때는 서핑을』(이영래 역). 라
이팅하우스. (375쪽).

53 서진석, 유승권. (2019). 『넥스트 CSR 파타고니아』. mysc. (219쪽).

54 https://tinshedventures.com/about/. "2022년 3월 29일 확인"

55 김다이. (2021.10.07.). "파타고니아, '버리지 말고, 입으세요' 캠페인 전개
– 뉴스웨이 (newsway.co.kr)". 뉴스웨이.

56 "'러 영업 계속한 죄' 맥도널드·코카콜라 전 세계서 불매운동", 조선일보, 남
지현, 2022.03.09

57 "'왜 러시아서 철수 안 하나'…맥도널드, 코카콜라 불매운동 확산", BBC
KOREA, 2022.03.08

58 "맥도널드, 불매운동에 러 영업 중단… 코카콜라·스타벅스도 철수", 조선일
보, 백수진, 2022.03.09

59 "McDonald's, Coca-Cola and Starbucks temporarily stop sales in
Russia.", The New York Times, Julie Creswell, March 8, 2022

60 "전 세계 불매운동 부른 中 신장 면화…탄소배출도 압도적, 왜", 중앙일보, 강
찬수, 2022.02.28

61 "Report from The Center for Global Policy: "Coercive Labor in
Xinjiang: Labor Transfer and the Mobilization of Ethnic Minorities to
Pick Cotton"", SAVE UIGHUR, 2020.12.15

62 "'中 신장 보이콧' 요구 커지는데…몸사리는 日 유니클로·무인양품", 중앙일
보, 이영희, 2021.04.15

63 "미국, '강제노역' 중국 신장산 면화·토마토제품 수입 전면금지", 연합뉴스,
김용래, 2021.01.14

64 "美·EU 등 '신장위구르 탄압' 中 고위 관리 제재…中 '반중 인사 제재' 맞불",

동아일보, 김윤종, 김기용, 2021.03.23

65 BCI 홈페이지

66 "Consumer boycotts warn of trouble ahead for Western firms in China", The Economist, 2021.05.31

67 "'노예노동'으로 만든 당신과 나의 지폐', 허은선, 시사인, 2014. 07.25

68 "우즈벡 강제노동자의 피와 눈물을 닦아주세요", 한겨레, 박순봉, 2014.07.11

69 "우즈벡, 최악의 형태의 아동노동 근절을 위한 노력에 진보 없음", 공익법센터 어필, 2014.10.19

70 "우즈벡, 면화 강제노동·개선…'우즈벡 면화 보이콧' 막 내릴까", 아시아투데이, 이민영, 2019.05.02

71 "ILO welcomes lifting of Cotton Campaign boycott of Uzbekistan", ILO, 2022.03.14

72 Child Labor and Forced Labor Reports, U.S. DEPARTMENT OF LABOR, 2020

73 "ILO welcomes lifting of Cotton Campaign boycott of Uzbekistan", ILO, 2022.03.14

74 RSN Releases To The Spinner Report, RSN, 2013.05.21

75 우즈벡 목화에 관련해 기업들이 할수 있는 일, 공익법센터 어필

76 "기업은 인권증진의 주체", 이상수, 국가인권위원회 휴먼레터, 2011.10.15

77 유엔 기업과 인권 이행원칙(UNGPs) 채택 이후 국가의 적극적 보호의무 강화에 대한 고찰. 서강법률논총, 7(1), 83 page

78 소비자 69% "착한기업에 소비"…윤리경영, 이젠 선택 아닌 필수, 매일경제, 김명수, 박봉권, 윤원섭, 김세웅, 김준모, 2019.01.23

79 "래리 핑크 블랙록 회장의 연례 서한 "ESG는 자본주의 수단"", ESG 리뷰, 매거진 한경, 2022.01.23

80 "[더 나은 미래] 나이키의 아동노동착취 소비자 불매운동 이어져", 문상호·주선영, 조선일보, 2013.05.28

81 THE YEAR IN FASHION, LYST, 2019

82 "Meghan Markle Is the World's Most Powerful Dresser", BAZZAR, CHELSEY SANCHEZ, 2019.11.19

83 『투명경영』, 돈 탭스콧, 김영사, 2005, 56p

84 "패스트 패션에 지쳤다", 조선비즈, 한경진, 2020.02.25

85 에버레인 홈페이지

86 에버레인 홈페이지

87 『투명경영』, 돈 탭스콧, 김영사, 2005, 100p

88 『투명경영』, 돈 탭스콧, 김영사, 2005, 23p

89 사베인-옥슬리 법(Sarbanes-Oxley Act)이 기업지배구조와 기업경영에 미치는 파급효과와 학문적, 실무적 시사점, 김봉선, 김언수, 한국전략경영학회, 2008

90 기업, 시민사회의 대응전략, 황상규, BSI 전문위원

91 Dan Milmo. (2016, Oct. 6.). "Google Maps to show the lowest carbon route for car journeys". The Guardian.

92 정남구. (2021.5.19.). "당근이세요? '중고거래로 남산 수십개 온실가스 흡수 효과', 한겨레.

93 MS 홈페이지(microsoft.com). "2022년 2월 28일 확인"

94 MS 홈페이지(natick.research.microsoft.com) "2022년 2월 28일 확인"

95 김광민. (2022). 탄소중립 시대 데이터센터의 열관리. Weekly KDB Report 이슈브리프. 1.

96 성지영. (2021). 글로벌 데이터센터 산업 전망과 시사점. 우리금융경영연구소 연구보고서. 2.

97 이철호 외 3인. (2019). 해외 지하 데이터센터의 현황과 동향 분석. 터널과

지하공간, 29(1), 52-53.

98   조진균. (2021). 에너지이용 효율화를 위한 데이터센터 에너지소비 구조 분석 – S 데이터센터 사례분석을 중심으로 –. 대한건축학회논문집, 37(8). 154.

99   성지영. (2021). 글로벌 데이터센터 산업 전망과 시사점. 우리금융경영연구소 연구보고서. 1.

100 딜로이트 안진. "최용호". (2020). [수소 경제의 본격화 시점, 결코 먼 미래가 아니다]. Clients & Industires. (pp 7).

101 주영재. (2021.10.9.). "그레이에서 그린으로' 수소경제, 어디로 가시겠습니까". 경향신문.

102 황윤주. (2021.3.18.). "슬기로운 ESG 경영…중소기업 성장 돕고, 온실가스 감축도". 아시아경제.

103 배상훈. (2021.11.29.). "중부발전, 보령에 블루수소 생산기지". 전기신문.

104 성재용. (2021.5.3.). ""탄소의 자원화"… 정유–석화업계, CCU 상용화 '가속도'". 뉴데일리경제.

105 Lanza Tech 홈페이지(lanzatech.com). "2022년 2월 28일 확인"

106 딜로이트 인사이트 편집국. (2021). [2050 탄소중립 로드맵]. Deloitte Insights 19. (pp 81~99).

107 클라임웍스 홈페이지(climbworks.com), "2022년 2월 28일 확인"

108 UK Government. (2018). [Delivering Clean growth]. CCUS Cost Challenge Taskforce report.

109 같은 자료.

110 Adam Baylin-Stern & Niels Berghout. (2021, Feb. 17.). "=Is Carbon Capture too Expensive?". IEA.

111 딜로이트 인사이트 편집국. (2021). [2050 탄소중립 로드맵]. Deloitte Insights 19. (pp 81~99).

112   두산백과사전

113   러쉬 한국 홈페이지(lush.co.kr). "2022년 2월 28일 확인"

114   러쉬 홈페이지(lush.com). "2022년 2월 28일 확인"

115   Fortune 500 list of companies 2021. 포춘 홈페이지(fortune.com) (fortune500) "2022년 2월 28일 확인"

116   Walmart 홈페이지

117   Walmart 홈페이지

118   Walmart 홈페이지

119   symbotic 홈페이지

120   Forbes(2021.12.13), 'Meet The Billionaire Robot Overlord Reinventing Walmart's Warehouses', https://www.forbes.com/sites/amyfeldman/2021/12/13/meet-the-billionaire-robot-overload-reinventing-walmarts-warehouses/?sh=706e35ca78f4

121   Walmart 홈페이지, https://corporate.walmart.com/esgreport/esg-issues/climate-change#governance

122   Forbes(2021.12.13), 'Meet The Billionaire Robot Overlord Reinventing Walmart's Warehouses', https://www.forbes.com/sites/amyfeldman/2021/12/13/meet-the-billionaire-robot-overload-reinventing-walmarts-warehouses/?sh=706e35ca78f4

123   INTURN, 'The Impact of Having Too Much Inventory on Hand', https://www.inturn.com/post/impact-too-much-inventory-on-hand/

124   UN FAO(2011), Global Food Losses And Food Waste, 12p

125   Walmart 홈페이지(2018.10.18), 'Hi, Tech: Walmart Announces New High-Tech Grocery Distribution Center', https://corporate.walmart.com/newsroom/2018/10/18/hi-tech-walmart-announces-new-high-tech-grocery-distribution-center

126 Walmart 홈페이지(2018.8.3), 'Associates and Alphabot Team Up to Make Walmart's Popular Grocery Pickup Service Even Better', https://corporate.walmart.com/newsroom/2018/08/03/associates-and-alphabot-team-up-to-make-walmarts-popular-grocery-pickup-service-even-better

127 Progressive Grocer(2018.10.19), 'Walmart Unveils Grocery 'Distribution Center of the Future' for 2020', https://progressivegrocer.com/walmart-unveils-grocery-distribution-center-future-2020

128 Walmart 홈페이지(2019.1.14), 'High-Tech Consolidation Center Set to Open in July, Adding Efficiency to Walmart's Supply Chain', https://corporate.walmart.com/newsroom/2019/01/14/high-tech-consolidation-center-set-to-open-in-july-adding-efficiency-to-walmarts-supply-chain

129 Walmart, Walmart Environmental, Social & Governance Reporting

130 Walmart 홈페이지(2013.4.14), 'Walmart Announces New Commitments to Dramatically Increase Energy Efficiency and Renewables', https://corporate.walmart.com/newsroom/2013/04/14/walmart-announces-new-commitments-to-dramatically-increase-energy-efficiency-and-renewables

131 Walmart 홈페이지(2010.11.15), 'Walmart Canada Opens Its First Sustainable Distribution Centre', https://corporate.walmart.com/newsroom/2010/11/15/walmart-canada-opens-its-first-sustainable-distribution-centre

132 EPA(2022.4.25), Green Power Partnership Top 30 Retail, https://www.epa.gov/greenpower/green-power-partnership-top-30-retail

133 Walmart sustainability hub 홈페이지, https://www.walmartsustainabilityhub.com/climate/project-gigaton

134 Walmart 홈페이지, https://corporate.walmart.com/ newsroom/2021/12/08/walmart-creates-industry-first-by-introducing-science-based-targets-for-supply-chain-finance-program

135 HSBC 홈페이지(2021.12.22), 'The journey towards sustainable supply chains', https://www.gbm.hsbc.com/insights/growth/the-journey-towards-sustainable-supply-chains

136 Walmart Sustainability Hub, Supplier Recognition, https:// walmartsustainabilityhub.emissionscalculators.walmart.com/ main/recognition

137 Walmart 홈페이지, Walmart Environmental, Social & Governance Reporting (2021 ESG Summary), https://corporate.walmart.com/ esgreport/

138 Walmart 홈페이지, https://corporate.walmart.com/purpose/ sustainability

139 Walmart 홈페이지, https://corporate.walmart.com/ newsroom/2019/04/18/walmart-reports-substantial-emissions-reductions-in-china-as-suppliers-set-ambitious-targets

140 유니레버. (2020). [Human Rights report].

141 유니레버 홈페이지(unilever.com)(human right in our operations) "2022년 2월 22일 확인"

142 The Global Development Research Center, Grameen Bank – Banking on the Poor, https://www.gdrc.org/icm/summary.html

143 페터 슈피겔, 〈가난 없는 세상을 꿈꾸는 은행가〉, 좋은책만들기, 36-38p

144 GEOFFREY MOCK (2010.5.11), 'MICROLENDING, MACRO IMPACT', https://today.duke.edu/2010/05/grameen.html

145 신한은행, 금융의 새로운 블루오션 마이크로크레딧, http://img. shinhan.com/cib/ko/data/FSB_0611_09.pdf

146   데이비드 본스타인, 〈착한 자본주의를 실현하다 그라민은행 이야기〉, 갈라파고스, 37p

147   페터 슈피겔, 〈가난 없는 세상을 꿈꾸는 은행가〉, 좋은책만들기, 31p~38p

148   페터 슈피겔, 〈가난 없는 세상을 꿈꾸는 은행가〉, 좋은책만들기, 39p

149   GEOFFREY MOCK (2010.5.11), 'MICROLENDING, MACRO IMPACT', https://today.duke.edu/2010/05/grameen.html

150   Milaap, 'What is Grameen Bank and Who is Muhammad Yunus?', https://milaap.org/stories/what-is-grameen-bank-and-who-is-muhammad-yunus

151   Masudul Alam Choudhury(2016), 〈God-Conscious Organization and the Islamic Social Economy〉, 40p, https://books.google.co.kr/books?id=c87LDAAAQBAJ&pg=PA40&lpg=PA40&dq=grameen+project+success+500&s ource=bl&ots=HuNlxig-U0&sig=ACfU3U3pMxcmdf0TKp8vEDBmKDm_8KT-bA&hl=ko&sa=X&ved=2ahUKEwiyiK-USmFYBHQQQA2QQ6AF6BAgZEAM#v=onepage&q=grameen%20project%20success%20500&f=false

152   Grameen Bank 홈페이지, http://grameenresearch.org/history-of-grameen-bank/

153   남주하 외 3명(2017), 〈금융포용과 금융약자를 위한 미래: 착한 금융과 따뜻한 금융의 실현〉, 무역경영사, 150~151p

154   Grameen Bank 홈페이지, https://grameenbank.org/credit-delivery-system/

155   Grameen Bank 홈페이지(2022.4.13), MONTHLY REPORT: 03-2022 ISSUE 507 IN USD, https://grameenbank.org/data-and-report/monthly-report-03-2022-issue-507-in-usd/

156   이철환(2016.2.12),그라민은행과 스위스용병의 성공비결…'빚이 아닌 신용', 머니투데이, https://news.mt.co.kr/mtview.

php?no=2016021208084521956

157 남주하 외 3명(2017), 〈금융포용과 금융약자를 위한 미래: 착한 금융과 따뜻한 금융의 실현〉, 무역경영사, 151, 155p

158 Stephanie Wykstra(2019.1.15), Microcredit was a hugely hyped solution to global poverty. What happened?, Vox, https://www. vox.com/future-perfect/2019/1/15/18182167/microcredit-microfinance-poverty-grameen-bank-yunus

159 Grameen Bank 홈페이지, Annual Report 2008, https:// grameenbank.org/wp-content/uploads/bsk-pdf-manager/GB-2008.pdf

160 Grameen Bank 홈페이지, https://grameenbank.org/introduction/

161 Grameen Bank 홈페이지, Annual Report 2020, 10p, https:// grameenbank.org/wp-content/uploads/bsk-pdf-manager/ Annual_Report_2020-1_41.pdf

162 Stephanie Wykstra(2019.1.15), Microcredit was a hugely hyped solution to global poverty. What happened?', Vox, https://www. vox.com/future-perfect/2019/1/15/18182167/microcredit-microfinance-poverty-grameen-bank-yunus

163 문진수, 〈금융, 따뜻한 혁명을 꿈꾸다〉, 북돋움,57-63p

164 문진수, 〈금융, 따뜻한 혁명을 꿈꾸다〉, 북돋움, 55p

165 SKS MICROFINANCE 홈페이지, https://www.sksindia.com/our_ journey.html

166 SKS MICROFINANCE 홈페이지, https://www.sksindia.com/how_ we_do.html

167 문진수, 〈금융, 따뜻한 혁명을 꿈꾸다〉, 북돋움, 69-70p

168 문진수, 〈금융, 따뜻한 혁명을 꿈꾸다〉, 북돋움, 69p-70p

169 AP(2012.2.24), 'Hundreds Of Suicides In India Linked To Microfinance Organizations', Insider, https://www.

businessinsider.com/hundreds-of-suicides-in-india-linked-to-microfinance-organizations-2012-2

170 The Economic Times(2011.1.5), 'Suicides reveal how men made a mess of MFIs', https://economictimes.indiatimes.com/industry/banking/finance/suicides-reveal-how-men-made-a-mess-of-mfis/articleshow/7219687.cms?from=mdr

171 James Melik(2010.11.3), 'Microcredit 'death trap' for Bangladesh's poor', BBC, https://www.bbc.com/news/business-11664632

172 Lydia Polgreen and Vikas Bajaj(2011.3.2), 'Microcredit Pioneer Ousted, Head of Bangladeshi Bank Says', The New York Times, https://www.nytimes.com/2011/03/03/world/asia/03yunus.html

173 라미아 카림(2015), 〈가난을 팝니다 가난한 여성들을 착취하는 착한 자본주의의 맨얼굴〉, 오월의 봄

174 'BBC World Service, Article 22: Right to social security and realisation of economic, social and cultural rights', https://www.bbc.co.uk/worldservice/people/features/ihaverightto/four_b/casestudy_art22.shtml

175 라미아 카림(2015), 〈가난을 팝니다 가난한 여성들을 착취하는 착한 자본주의의 맨얼굴〉, 오월의 봄

176 남주하 외 3명(2017), 〈금융포용과 금융약자를 위한 미래: 착한 금융과 따뜻한 금융의 실현〉, 무역경영사, 5-7p

3장

ESG의
기원과 작동의
사회 메커니즘

ESG의 원조 목사 존 웨슬리와 '3 ALL' 원칙

ESG를 논하려면 반드시 사회책임투자(SRI)를 얘기해야 한다. ESG를 설명하는 사람은 흔히 세계 최대 자산운용사 블랙록과 블랙록의 최고경영자(CEO) 래리 핑크의 2020년 연례서한과 2006년의 책임투자원칙(PRI)을 언급하게 마련이다. 사실 사회책임투자와 관련한 ESG의 연원은 더 거슬러 올라가야 한다. 사회책임투자의 역사에서 꼭 거론되어야 할 사람은 감리교 창시자인 목사 존 웨슬리다. 막스 베버의 〈프로테스탄트 윤리와 자본주의 정신〉에도 등장하는 웨슬리 목사는 일찍이 1760년 '돈의 사용법(The use of money)' 이라는 설교에서 사회책임투자의 가장 기본적인 형태를 제시했다.

"우리의 고귀한 생명이나 건강 혹은 정신을 해치는 방법을 통해 돈을 얻어서는 안 된다. 그러므로 우리는 어떠한 사악한 거래 행위에 참여하거나 그것을 계속해서는 안 된다. 사악한 거래에는 하나님의 원칙이나 국가의 법에 위반되는 모든 방법이 포함된다. … 또한 이웃의 재산이나, 이웃의 신체 … 그들의 영혼을 해쳐서도 안 되는 것이다."[1]

웨슬리는 종교적 구원과 함께 현재의 삶 역시 강조하면서 인간 속에서 이루어지는 성스러움은 개인적일뿐 아니라 사회적이어야

[그림 3-1] 존 웨슬리 목사

한다고 주장했다. 감리교에서는 후자를 특별히 '사회적 성화'라고 말하며 웨슬리의 중요한 신학적 입장으로 받아들인다. 그의 주장이 전제한 것은 곧 사회윤리 및 사회책임의 필요성이다.[2]

그의 주장은 '돈의 사용법'에서 밝힌 3대 원칙으로 집약된다. "열심히 벌어라(Gain all you can)", "열심히 저축하라(Save all you can)", "열심히 나눠 주어라(Give all you can)"라는 웨슬리의 유명한 3 ALL 원칙은, 개신교의 프로테스탄트 윤리가 자본주의 정신으로 전개했다는 베버의 주장을 증명한 사례처럼 보인다. 세 번째 원칙을 빼고 앞의 두 원칙에만 주목하면 자본주의의 물신성과 탐욕, 천민성을 옹호하는 것처럼 여겨질 수 있다.

동시에 영리의 한계를 설정하고 허영과 과시용 소비를 금했으며 자선을 장려했다는 측면에서 건전한 자본주의의 원형을 제시했다고 볼 수도 있다. 재산상의 이익을 꾀하는 것의 한계를 지적한 것을 두고 어떤 이들은 웨슬리를 사회책임투자의 원조로 평가한다. 만약 이것을 사회책임투자라고 한다면 사회책임투자의 가장 기본적인 형태, 혹은 정신을 표명한 것으로 받아들일 수 있겠다.

자본주의 태동기에 내려진 사회책임투자에 관한 웨슬리 목사의 정의는 종교적이었다. 비록 사회책임투자의 역사에서 반드시 또 중요하게 언급되지만 그의 정의는 엄격하게 말해 요즘 통용되는 의미의 투자보다는 포괄적 영리의 원칙을 표명한 수준이었다. 감리교의 전통을 이어받은 세계 최초 사회책임 펀드 '파이어니어 펀드(Pioneer Fund)'가 1928년에 출현했으니, 웨슬리의 정신을 반영한 실제 투자 사례는 20세기에 들어서야 나타난 셈이다. '파이어니어 펀드'는 주류 및 담배 회사에 대한 모든 투자를 금지했으나 그다지 큰 족적을 남기지는 못했다.

1971년에 이르러 현대적 의미에서 최초의 사회책임투자 뮤추얼 펀드라고 할 수 있는 '팍스 월드 펀드'가 성립한다. 주로 베트남전에서 돈을 버는 기업을 투자대상에서 배제하는 '반전(反戰) 펀드'였다. 펀드 설립자가 두 명의 감리교 목사였으니 웨슬리의 영향력을 실감하게 된다.

'팍스 월드 펀드'는 방위산업체 투자를 제한했고, 구체적으로는 무기사업 수주액이 상위 100위 안에 드는 기업을 투자대상에서 제외했다. 전쟁에서 돈을 버는 기업을 투자대상에서 빼는 소극적 전략에서 나아가 평화에 도움이 되는 기업을 지원하는 적극적 투자 전략을 취한 지금까지 운용되는 펀드다.[3]

도박·주류·담배 등 이른바 '죄악의 주식(Sin Stock)'에 투자하지 않겠다는 윤리적 성격을 띤 사회책임투자 펀드는 1980년대 이후 급격하게 성장했다. 남아프리카공화국의 인종차별 정책, 즉 아파르트헤이트에 대한 항의로 남아프리카 공화에서 투자를 철회하는 일종의 정치 캠페인에서 점차 기업의 경제·환경·사회책임을 종합적으로 고려하는 투자철학으로 확대되며 사회책임투자는 자본시장에서 비중을 키웠다.

사회책임투자와 관련하여 ESG란 용어의 출현을 유엔 책임투자원칙(PRI, Principles for Responsible Investment)의 출범과 연결지어 설명하곤 하지만, ESG란 용어는 그 이전에 이미 존재했고 사용됐다. 단적으로 2000년 7월 영국에서 연기금의 사회책임투자를 도입하며 투자 기준 ESG 개념을 쓴 만큼 ESG의 PRI 기원설은, 별로 중요한 얘기는 아니지만 앞뒤가 안 맞는다.

'유엔 환경계획 금융 이니셔티브(UNEP FI)'를 중심으로 사회책임투자와 ESG 논의가 이어지다 국제 사회에선 2004년 유엔글로벌콤팩트(UNGC)와 세계 금융기관들이 함께 작성한 보고서 〈배려하는 자가 이긴다(Who Cares Wins)〉에서 ESG가 공식화한다. 2006년 UNEP FI와 UNGC가 함께 PRI를 출범하며 ESG는 자본시장의 핵심 키워드로 자리를 잡는다. ESG는 자본시장에서 유력하게 사용됐지만, 뿌리는 지속가능성에 닿아 있으며 이후 ESG 확산과 함께 투자의 ESG는 경영의 ESG를 거쳐 사회 전반의 ESG로 되먹임하는 양상을 보이게 된다. 앞에서 살펴본 내용이다.

PRI 출범 이후 사회책임투자가 점차 늘어나고 무시할 수 없는 수준으로 비중이 확대되면서 2020년 초 세계 최대 자산운용사 블랙록의 최고경영자(CEO) 래리 핑크가 연례서한에서 마침내 ESG

투자를 천명하기에 이른다. 이 사건이 중요한 이유는 사회책임투자가 명실상부하게 자본시장의 주류로 자리를 잡았다는 뜻이기 때문이다. 래리 핑크는 2020년 투자전략으로 환경적 지속가능성을 앞세우며 "이제 기업, 투자자, 그리고 정부는 기후변화를 핵심으로 두고 중대한 자본 재배분을 준비해야 한다"고 강조했다.[4] 팬데믹 시대의 도래와 함께 자본에 대한 낙관론을 바탕으로 한 기존 투자로부터 탈피하여 사회 전반에서 지속가능성을 추구하는 투자로 패러다임을 전환할 것을 핑크는 촉구했다. 그가 말한 패러다임 전환은 ESG투자이고 지금 하는 말로는 사회책임투자다.

1760년 목사 웨슬리의 기념비적 설교 이후 260년이 흘러 투자자 혹은 자본가 핑크에 의해 사회책임투자가 자본시장의 주류로 자리를 잡았다. 자본주의의 본질이라 할 자본시장은 그야말로 투자수익률을 신처럼 떠받드는 곳이었으나, 이제 수익률 외에 ESG를 투자의 원칙으로 받아들이겠다는 경천동지할 결정을 내렸다. "두둥!!" 하고 빙산의 일각이 떠올랐다. 가장 바뀌기 힘든 세력이 가장 기민하게 바뀐 데는 분명 이유가 있다.

ESG란 용어는
어떻게 출현했나

　사회책임투자에서 투자대상을 고를 때 1장에서 살펴본 대로 '재무성과'와 '비(非)재무성과'를 같이 본다. 두 개를 같이 본다고 하여 흔히 '투 트랙 어프로치(Two Track Approach)'라고 말한다. 경영실적이 좋고 주가상승 가능성이 커도 예를 들어 비인도적 살상무기를 제조하는 회사의 주식은 사지 않는 투자철학 같은 걸 연상하면 된다. '투 트랙 어프로치'는 크게, 재무성과로 1차 투자 대상기업을 고르고 비재무성과로 2차 대상기업을 고르는 방식과 그 반대로 비재무성과를 잣대로 대상기업을 고른 뒤 재무성과를 추가로 보는 방법, 두 가지로 나뉜다. 투자철학은 그게 그거다.

사회책임투자에서 비재무성과를 검토하는 기준으로 도입된 것이 ESG다. 세계 1위 자산운용사 최고경영자(CEO) 래리 핑크와 유엔의 책임투자원칙(PRI) 이전에 ESG 개념이 있었다. 투자원칙을 채택하려면 그 전에 그 개념이 존재해야 한다. 재무성과 외에 '죄악의 주식(Sin Stock)'과 같은 다소 막연한 개념(원론적으로 '죄'라는 것에 합의된 기준이 있을까) 대신 환경·사회·거버넌스, 즉 ESG 측면의 성과를 살펴보고 투자하겠다는 발상이다. 물론 ESG성과를, 재무성과와 명확하게 구분되는 비재무성과라고 두부모 자르듯 명쾌하게 나누어 설명하기는 어렵다. 여전히 어려움이 존재하지만 다행히 그사이에 ESG를 설명하는 방법론이 많이 개발됐다.

여기서 사회책임투자에서 ESG 전에는 SEE라는 기준이 있었다

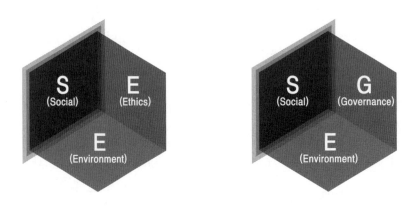

[그림 3-2] '윤리'가 '거버넌스(지배구조)'로 바뀐 ESG

는 사실을 반드시 언급할 필요가 있다. 사회책임투자의 기준으로 ESG보다 앞서 사용된 SEE의 앞 두 가지는 사회와 환경이고 나머지 E는 윤리(Ethics)를 뜻한다.

SEE가 ESG로 이행하며 '윤리'가 '거버넌스'로 바뀌었다. 생각보다 큰 차이다. 윤리경영 대 지속가능경영, 또는 윤리투자 대 사회책임투자(사회책임투자는 줄여서 책임투자(RI)라고도 한다)의 대립에서 왜 '윤리'란 말이 설 자리를 잃은 걸까. 사회책임투자에서 기본적으로 윤리 성격을 없앨 수 없지만, 자본시장의 투자결정에서 엄격한 윤리적 가치에 전적으로 의존할 수만은 없는 게 현실이다. "윤리적이다"라는 투자원칙은 종교를 같이 하는 사람들에게는 어떤 식으로든 통용될 수 있겠지만, 국가·종교를 넘어서 보편적인 투자윤리로 풀어내기는 용이하지 않다. 윤리라는 말 자체에 담긴 모호성이다. 따라서 윤리를 투자지표로 구체화하는 데에도 한계가 발견된다. 글로벌한 투자가 이루어지고 자본시장이 세계적 규모로 작동하는 요즘엔 더 그렇다.

투자대상뿐 아니라 CEO·투자결정권자 등의 능력과 도덕적 자질을 중요하게 생각하기에 윤리경영은 어느 정도 '개인'으로 환원되는 측면이 있다. 조직이나 시스템 외에 개인의 자질에도 많이 의존하는 윤리투자는 지속성을 담보하기가 쉽지 않다. 그런 연유로 윤리란 말이 투자기준에서 사라지게 된다.

결국 환경·사회 성과가 뛰어나면서 좋은 거버넌스를 가진 기업에 투자하자는 쪽으로 논의가 수렴되어 SEE가 ESG로 바뀐다.

대체로 지배구조라는 말로 번역되는 거버넌스는 기업 등 조직의 전반적 운영을 결정하는 총체적인 체계 같은 것인데, 자주 투명성이나 공정성 등과 같은 행정학 혹은 사회과학 개념과 연관 지어 설명된다. 사회나 국가 차원에서는 거대 담론인 민주주의, 사회적 갈등, 소통 등과 관련하여 종종 거버넌스란 말을 가져다 쓰기도 한다. 기업 수준에서는 자본시장에 정보의 공시를 잘하고 있는지, 회사 조직 및 직무와 관련한 내부 통제가 유효한지, 경영진 내 상호 견제와 감시 같은 게 적정한 수준으로 이루어지고 있는지, 이사회가 제대로 구성되어 잘 운영되는지, CEO 선출이 합리적인 절차를 따르고 있는지 등을 따져보게 된다.

ESG투자나 ESG경영에서 거버넌스는 기업이나 조직의 거버넌스를 다루기에 상대적으로 독자적이고 구체적인 내용이 있는 반면 ESG사회에서 거버넌스는 사회 전체의 거버넌스여서 이 개념이 다소 포괄적으로 다가와 구체성을 찾는 데 다소 어려움이 있다. 정치학·행정학·사회학 등을 동원하여 ESG사회 거버넌스의 독자적인 주제 영역을 설정하는 게 불가능하지는 않지만 그러려면 사회적 합의가 필수적이다. ESG사회를 소망하는 우리 입장에서는 대체로 〈우리 공동의 미래(1987년)〉(263쪽 참고) 등에서 제시된 인류 생존

키워드인 '환경'과 '사회'를 근본적으로 개혁하는 인프라이자 플랫폼으로 거버넌스를 이해하는 게 합당한 방법론일 것이다. ESG투자나 ESG경영과 달리 ESG사회는, 세계시민의 전망 아래 지구촌의 환경적이고 사회적인 임박한 재앙을 막기 위한 효과적이고 효율적인 체계로서 거버넌스를 필요로 한다고 정리할 수 있다.

ESG, 민간과 공공 영역 공통의 원칙이 되다

자본시장에서 (기왕이면) 지속가능경영을 하는 기업, 경제·환경·사회 성과를 균형 있게 추구하는 기업에 투자하자는 게 사회책임투자다. 전술한 대로 투자대상 기업을 고르면서 ESG를 따진다. 사회책임투자를 하기 위한 투자기준인 ESG가 이제는 사회책임과 사실상 동의어가 되었다. 따라서 사회책임투자는 ESG투자다.

소비자 또한 (기왕이면) 지속가능경영 또는 ESG경영을 하는 기업의 상품을 사려고 하는 게 사회책임 소비다. 윤리적 소비, 지속가능 소비라고도 한다. 조금 더 비싸더라도, 아니면 같은 값이면 기업의 사회적 책임(CSR)을 잘 이행하는 기업, 또는 ESG 성과가 좋은 기업의 제품을 사겠다는 생각이다. 대중적으로 친숙한 흐름인 공정무역은 윤리적 소비와 근본정신은 같지만 구조가 살짝 다르다. 해외시장에서 물건을 사 올 때 생산자의 생계비를 보장해주는, 즉 '소셜 프리미엄'이 포함된 흔히 말하는 공정가격을 주고 사겠다는 소비자 운동이 공정무역이다. 기업이 잘하거나 좋은 기업이어서 그 회사의 상품을 사는 게 사회책임 소비라면 공정무역 소비는 소비함으로써 생산자(=기업)를 좋은 생산자로 만들겠다는 발상이다.

소비에서 사회책임 소비와 공정무역 소비 간의 차이는 투자에서 민간영역의 사회책임투자와 공공 영역의 사회책임투자와 비슷하다. 공공 영역의 사회책임투자, 즉 공공 영역의 ESG투자에서는, 공정무역 소비가 소셜 프리미엄까지 가격에 반영하듯, 투자에 따른 전후방 효과·시계열 효과 등 사회적 효과를 심층적으로 고려하여 투자결정을 내린다.

영국이 2000년 7월 3일 국민연금의 사회책임투자를 의무화한 배경이다. 이날은 사회책임투자가 투자의 주변부에서 중심부로 이동한 기념일이다. 자본주의의 심장부인 자본시장을 겨냥해 바꿔나가는 운동이기에 주류적인 흐름이다. 몇몇 종교단체에서 책임투자 간판을 단 펀드 몇 개를 운용하는 것과는 전혀 다른 상황이다. 이러한 흐름은 점점 더 세계적으로 확장되다가 2020년 래리 핑크의 선언으로 자본시장에서 'ESG폭발'이 일어나게 된다. 핑크의 연례 서한은 민간 투자영역의 사회책임투자 선언으로 이해될 수 있다. 이로써 ESG는 민간과 공공 영역 공통의 자산운용 원칙이 된다.

소비자는 소비만 하지 않는다, ESG사회의 정치적 주체다

"같은 값이라면"을 넘어서 "더 지불하고라도 사회책임을 다한 기업이 만든 제품을 사겠어요"라는 태도는 과도적으로 매우 중요하다. "더"라는 과도적 과정을 거친 후에야 "같은 값"의 시대가 가능해지며, 그때 비로소 ESG는 제품이 시장에 진입하기 위한 기본 조건이 된다.

ESG기업이 ESG소비자와 만나려면 소통이 필요하다. 기업이 지속가능경영 혹은 ESG경영을 했다는 사실을 사회가 알게 하려고 제도화한 소통이 사회보고(Social Reporting)이고, GRI(Global Reporting Initiative)를 비롯한 구체적인 보고 작성기준이 마련되어 있다. 그렇게 해서 나온 게 〈지속가능보고서〉, 〈사회책임보고서〉, 〈기업시민보고서〉이고, 같은 말로 〈ESG보고서〉다.

ESG보고는 소비자만을 겨냥하지 않는다. 정식 용어인 사회보고가 시사하듯 소비자·자본시장·노동자 등 사회 전체를 대상으로 소통한다. 사회 전체를 대상으로 대체로 매년 발간하는 것으로 제도화하고 있는 ESG보고 외에 금융감독 당국은 수시소통 성격인 자본시장의 ESG공시를 강화하고 있다.

이러한 제도적이고 '큰' 소통 노력과 별개로 소비 현장에서는 소비자가 참고할 표시에 눈을 돌리고 있다. 나중에 자세히 살펴볼 '돌고래 안전(Dolphin Safe)' 같은 라벨링, 인증, 이력 등 다양한 표시를 통해 소비자가 ESG소비를 할 수 있게 정부·소비자단체 등에서 지원하고 있다.

그러나 참치를 잡을 때 돌고래를 보호했다는 표시로 참치통조림에 붙인 '돌고래 안전' 라벨링이 신뢰할 만하지 않다는 탐사보도의 고발이 나오면서 소비자가 소비에 참고할 표시의 신뢰를 확보할 제도적 장치의 마련이 시급해졌다. 돌고래 보호 수칙을 지키지 않으며 제조한 참치통조림에 '돌고래 안전' 라벨을 붙여 판매한 행위는 소비자의 선의를 조롱하며 "더 지불하고라도 사회책임을 다한 기업이 만든 제품을 사겠다"는 작지만 소중한 결의를 꺾은 심각한 사태다.

'돌고래 안전' 허위 라벨링은 단순히 허위표시 혹은 허위광고 문제가 아니다. 그린워싱에 이어 이제 'ESG워싱'을 감시해야 한다는 새로운 과제가 시민사회와 국가에 부과되었다. ESG소비자가 ESG기업을 주장한 기업 중에서 진짜 ESG기업과 가짜 ESG기업을 구분하는 일까지 감당해야 할까. 그린워싱과 'ESG워싱'의 감시와 적발은 더 나은 사회로 이행하기 위한 공공 및 시민사회의 중요한 책무가 되었다. 100개의 ESG기업 사이에 한 개의 'ESG워싱' 기업이 섞여 있어도 선한 소비자의 노력이 타격을 받기 때문이다.

ESG소비는 정치행위일 수밖에 없다. 관점에 따라서는 소비 자체를 정치행위로 보기도 한다. 100개의 ESG기업 사이에 섞여들어 간 한 개의 'ESG워싱' 기업이 시장에서 발붙이지 못하도록 제도적이고 행정적인 장치가 완비되어야 하겠지만, 동시에 100개의 ESG기업 사이에 한 개의 'ESG워싱' 기업이 숨어 있다 해도 그 하나 때문에 100개 전체에 대한 믿음을 잃지 않는 소비자의 동지애가 필요하다.

착한 소비가 큰 틀에서는 정치적 각성인만큼 ESG정보의 파악과 ESG소비를 넘어서 종국엔 소비자의 적극적 연대로 나아가는 길이 열릴 수밖에 없다. 실천과 연대를 통한 소비는 더 나은 사회를 만들 기초역량이 된다. SNS 등 연대한 수단이 많다는 게 착한 소비에는 유리한 환경이다.

소비자의 각성은 ESG사회의 핵심이다. 자본시장에서 ESG투자 결정, 미러링으로서 기업의 ESG경영에 이은 ESG사회로 발전은 결국 소비자에게 달려 있기 때문이다. 상품시장의 소비자는 자본 시장에 (소액)주주로도 참여한다. ESG소비가 ESG사회를 점화하려 면 소비의 주체인 소비자가 ESG상품을 구매하는 의식 있는 소비 자, 즉 새로운 정치적 주체로 거듭나야 하지만 이 수준에 머물러선 곤란하다. '깬' ESG소비자는 동시에 ESG시민이다. 이러한 이중성 을 자각하고 생활 속의 ESG를 실천하면서 다른 ESG시민과 기꺼 이 연대하고 '악'을 전복하는 일종의 촛불정신 같은 것으로 무장해 야 한다. 생활의 다방면에서 ESG를 실천하여 ESG시민이 된다는 것은, 정치뿐 아니라 경제 사회 문화 그리고 인류문명까지 포괄한 모든 부문에서 전례 없이 강력한 촛불혁명을 일으킨다는 뜻이다.

한 국가 또는 사회 내의 소비자는 ESG소비를 실천하며 ESG소 비자로 거듭난다. 그러한 거듭남을 통해 ESG투자와 ESG경영을 더 촉진하는 선순환을 만들어낸 ESG소비자는 한 단계 더 결정적 비약을 준비해야 하는데, ESG시민으로 전환이다. 새 광장은 새로 운 ESG시민이 채울 것이다. 이 전환이 4차산업혁명과 포스트 코로 나 시대 시민혁명의 핵심이다. 기후위기와 4차산업혁명, 언택트와 신자유주의의 위기를 한꺼번에 돌파할 계기 혹은 가능성은 자본주 의 기업에 이용당하는 개별 소비자의 지위에서 벗어나, 연대하는

ESG시민으로서 민주적 시장과 효율적 사회를 창안하는 새로운 정치적 주체로 탄생하는 데서 발견된다.

K-ESG까지 나왔다

국제통화기금(IMF)은 2019년에 발표한 〈국제금융시장안정보고서〉를 통해 지속가능금융이 성장세를 보이는 이유를, 기업의 ESG 활동이 수익 창출에 기여할 뿐만 아니라 장기적으로 ESG 관련 리스크를 찾아낼 수 있기 때문이라고 설명했다. 현재 글로벌 금융회사, 투자은행, 신용평가회사 등을 중심으로 투자 의사결정과 상품 개발에 ESG를 적극 반영하고 있다. 이에 따라 기업경영에 변화가 일어 기업이 이제 탄소배출 저감, 사회공헌, 인권과 노동권 강화, 투명한 지배구조 등 새로운 비재무 목표에 관심을 쏟고 있다.[5] 실제로 많은 기업이 기존 경영을 ESG경영으로 전환하는 가운데 국가 간의 환경규제가 강해지고, 각국 정부에서 ESG 법령을 제정하고 촉진정책을 펴면서 ESG가 점점 고도화하는 추세다.[6] 국내에서는 금융위원회가 2021년 1월 〔기업공시제도 종합 개선방안〕을 발표하여 2025년부터 자산총액 2조 원 이상 코스피 상장사에, 2030년부터는 전체 코스피 상장사에 〈지속가능경영보고서〉를 의무화한다.

소비자들은 사회적 책임을 외면하는 기업의 제품 구매를 기피하고, 반대로 ESG 성과가 높은 기업의 제품을 선호하는 경향을 보인다. 구매와 불매는 시민이 소비자로서 시장에서 행사하는 핵심 권력이다. 요즘엔 특정 제품을 택함으로써 간접적으로 자신의 가치를 실현하는 소비성향을 보이기도 한다. 특히 MZ 세대에서 이러한 가치소비 경향이 강한 것으로 알려져 있다.

ESG는 오늘날의 비즈니스 환경에 큰 변화를 가져오고 있고, 규모와 무관하게 모든 기업이 이 변화로 영향을 받는다. 예를 들어 2021년 5월 18일 〔자원의 절약과 재활용촉진에 관한 법률〕 시행령 일부 개정안이 국무회의에서 의결되어 2023년 4월부터 고흡성수지를 이용한 아이스팩에 중량 1kg당 313원 수준의 폐기물 부담금을 매긴다. 고흡성수지는 플라스틱의 일종으로, 자기 체적의 50~1000배 물을 흡수하는 특성을 지니며 소각이 어렵고 자연분해에 500년 이상이 걸리는 물질이다.[7] 이 법령이 시행되면 고흡성수지 아이스팩의 판매단가가 올라 상대적으로 값이 저렴해지는 친환경 아이스팩이 활성화할 전망이다. 아이스팩 제조업체뿐 아니라 식품 유통업체 또한 변화에 대응해야 한다.

축산 1번지를 내세우는 충남 홍성군 사례는 평범하지만 특별하다. 처리에 어려움을 겪는 한우와 한돈의 뼈를 우려낸 육수를 넣은 아이스팩을 만들어 포장용으로 쓰고, 배송 후에는 아이스팩을 뜯어서 요리에 쓰도록 한 친환경 육수 아이스팩이다.

2022년 1~2월 고기 선물세트 포장에 이미 육수 아이스팩이 적용됐다. 선물용 고기를 포장하면서 육수 아이스팩을 넣어 신선도

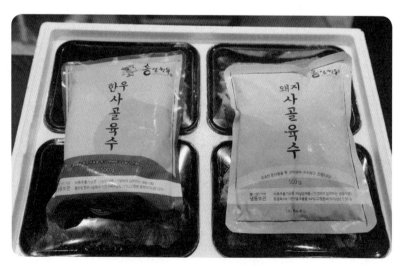

[그림 3-3] 홍성군 육수 아이스팩 (출처: 홍성군청)

를 유지하도록 했다. 고흡수성수지 대신 한우와 돼지를 가공하면서 나온 뼈를 우려낸 육수를 넣어 얼린 새로운 형태의 아이스팩이다. 홍성군 관계자는 "(고흡수성수지) 아이스팩이 기하급수적으로 늘다 보니 유통업체 스스로 문제를 해결할 수 없다고 판단해서 홍성군의 부산물을 활용해 가공품을 개발한 다음 아이스팩으로 지원했다"고 말했다.

무엇보다 고흡수성수지를 쓰지 않아 환경오염을 줄이고, 소비자는 덤으로 육수를 얻고, 고기 뼈 처리에 애를 먹던 육류 가공업체는 적잖은 뼈 보관 비용을 줄이는 일석삼조의 효과를 거두게 된다. 홍성군 육류의 인지도 상승 및 판매 기여라는 부수적 효과도 빼놓을 수 없다.[8]

2021년 12월엔 'K-ESG'가 발표되었다. 유엔의 지속가능발전목표(SDGs)에 대응하여 K-SDGs를 만든 것과 같은 맥락이다.

산업통상자원부는 "공시의무 등 ESG 규율 강화, 기업 평가와 투자기준, 공급망 실사 등에 있어 기업의 ESG경영 필요성이 급증하는 상황이고, 국내외 600여 개 이상의 평가지표가 존재하나, 평가기관의 평가기준과 결과도출 방식에 관한 정보는 대부분 공개하지 않고 있어 ESG 경영에 관심이 많은 기업이 어떻게 ESG경영을 준비하고 평가에 대응해야 하는지 어려움을 호소했다"고 'K-ESG 가이드라인'을 발표한 배경을 설명했다. 'K-ESG'는, 국내외 주요

13개 평가기관의 3000여 개 이상의 지표와 측정항목을 분석하여 ESG 이행과 평가의 61개의 핵심·공통사항을 마련한 것으로 관계부처와 각 분야 전문가·이해관계자의 의견을 반영하여 글로벌 기준에 부합하면서 우리 기업이 활용 가능한 가이드라인이라고 산업통상자원부는 밝혔다.

[표 3-1] K-ESG 가이드라인 구성

구분	주요 항목
정보공시(5문항)	• ESG 정보공시 방식·주기·범위 등
환경(17문항)	• 환경경영 목표 및 추진 체계, 친환경 인증, 환경 법규위반 등 • 온실가스 배출량, 폐기물·오염물질 배출량, 재활용률 등
사회(22문항)	• 사회책임경영 목표, 산업재해, 법규위반 등 • 채용·정규직, 산업안전, 다양성, 인권, 동반성장, 사회공헌 등
지배구조(17문항)	• 이사회 전문성, 이사회 구성, 주주권리 등 • 윤리경영, 감사기구, 지배구조 법규위반 등

(출처: 산업통상자원부)

3장 미주

1 러셀 스팍스. (2007).『사회책임투자』(넷임팩트코리아 역). 홍성사. (PP 69~70)

2 한국로고스경영학회. "김홍섭". (2014). [존웨슬리의 경영, 경제 사상과 현대적 적용에 관한 연구], 로고스경영연구 12(1).

3 강종구. (2003년 4월 10일). "반전펀드들, 전쟁수혜 안 받겠다". 이데일리.

4 송철호. (2020년 1월 15일). "블랙록 CEO 2020년 투자핵심은 기후변화" 선언. 환경경제신문.

5 삼정KPMG경제연구원(2020). [ESG 경영 시대, 전략패러다임 대전환]. 삼정KPMG.

6 단국대학교 글로벌벤처전략연구소. "이호석, 남정민, 이성호 & 박재춘". (2021). [중소기업 CSR의 성과에 관한 연구]. Entrpreneurship & ESG 연구 1(1). (pp 3~6).

7 이민선. (2021년 5월 18일). "폐기물부담금 생기는 아이스팩...친환경 제품 늘어날까". 그린포스트코리아

8 한솔. (2022년 1월 31일). "버려지는 아이스팩 대신 한우 육수", KBS뉴스

지속불가능한
그들만의
'합리적 생각'

사람 목숨을 달러와 맞바꾼
최악의 자동차 '핀토'

　지금은 생산되지 않는 포드사의 핀토(Pinto)는 1970년대 미국의 대표적인 소형차였다. 〈타임〉지가 선정한 '사상 최악의 50대 자동차' 중에 포함되어 지금까지 포드의 수치로 남아 있다.

　1970년 출시된 핀토는 미국에서 인기 있는 소형차 모델이었지만 연료통의 안전성과 관련해 출시 이후 끊임없이 논란에 휩싸였고, 결국 1981년 소송을 당한다. 추돌 사고가 일어나면 연료통이 파손되면서 연료가 새어 나왔고, 유출된 기름에 불이 붙어 폭발로까지 비화하며 핀토는 '바베큐 시트'로 불렸다. 사태를 한 문장으로 줄이면, 판매가격을 2000달러에 맞추기 위해 연료통을 범퍼와 뒤 차축 사이에 배치한 원천적 구조결함 때문이었다.

이러한 사실은 옴짝달싹할 수 없는 증거인 이른바 '핀토 메모(Pinto Memo)'가 재판과정에서 공개되며 밝혀졌다. '핀토 메모'는 포드 내부의 비용편익분석 자료였다. 내용을 표로 요약하면 다음과 같다.

[표 4-1] 포드의 '핀토' 비용편익분석

연료탱크를 보완할 때			연료탱크에 손대지 않고 배상할 때	
판매대수	11,000,000	사고 발생 전망치	화재사망(명)	180
			중화상(명)	180
			화재로 인한 차량파괴(대)	2,100
연료탱크 개선에 드는 대당 추가 비용	$11	단위당 비용	화재사망(명)	$200,000
			중화상(명)	$67,000
			화재로 인한 차량파괴(대)	$700
총 비용	$121,000,000	총 비용		$49,530,000

포드의 비용편익분석에 따른 차량 안전보강 비용은 1억2100만 달러였다. 예상 판매대수를 1100만 대로 잡고, 연료탱크가 쉽게 폭발하지 않도록 보강하는 데 드는 비용(대당 11달러)을 곱해 산출한 금액이다. 포드는 연료탱크를 보강하지 않고 그대로 출시했을 때 드는 비용을 함께 계산해 비교했다.

기존 사고율 등에 준거해 예상 폭발 사고 대수를 2100대로 추산하고, 이때 사망자 180명, 중화상자 180명으로 잡았을 때 소요액은

4953만 달러였다. 산출근거는 사망배상금 1인당 20만 달러, 중화상 배상금 1인당 6만7000달러, 차량 배상금 대당 700달러였다.

비용편익분석의 결론은 출고되는 전체 차량의 연료탱크를 보강하는 것보다 연료탱크를 보강하지 않는 게, 즉 사고가 일어나도록 내버려 두는 게 경제적으로 낫다였다. 비용편익분석은 그렇게 하는 게 '경제적'으로 7147만 달러 이익임을 보여준다. 이런 분석을 했다는 사실 자체가 가히 충격적인 데다 그 분석결과를 경영진이 수용했다는 사실은 더 충격적이다. '핀토 메모'는 거대 기업의 경영진이 사람의 목숨보다 돈이 더 중요하다고 공공연하게 의사결정한 사건으로 기록되었다.

굳이 당시 포드 경영진 입장에 서보려고 노력한다면, 짐작건대 사업 특성상 사람이 죽거나 다치는 상황을 자주 접해 인명사고에 무감각해 있고, 그러다 보니 모든 상황을 수치화해, 즉 돈으로 환산하는 사고체계가 확립되어 이 체계를 체화했을 가능성이 크다. 포드 경영진에게 이 숫자는 경영상의 판단에 필요한 일상적 자료였을까. 그들에게 숫자 너머에 존재하는 인간은 전혀 보이지 않았는지 궁금하다. 사망자 180, 중화상 180이라는 인간 360명은, 1인당 20만 달러, 1인당 6만7000달러라는 '달러'로만 보였다는 정황이겠다.

금융공학 등 계량화 능력의 증대는 일종의 '숫자 환원주의'와 맞물려 경영을 포함한 사회 전반에 유체이탈과 비슷한 상태를 초래했다. 핀토 사례에서 극명하게 드러났듯 의미는 숫자로 대체된다. 모든 의미를 수치화할 수 있다고 믿는 게 유행하는 말로 신자유주의고, 적나라한 말로 천민자본주의다. 당연히 사회는 타당한 방법론을 적용하고 숙의를 거쳐 비(非)재무 가치를 수치화하기도 한다. 그 필요성을 인정하더라도, 비재무적 가치 중에 결코 계량화할 수 없는, 혹은 결코 수치로 바꾸지 말아야 할 가치가 존재한다는 원론이 잊혀서는 안 된다.

　어느 책 제목처럼 '돈으로 살 수 없는 것들'이 존재해야 정상사회다. 인문적 성찰을 통해 절대 양보할 수 없는 인본주의 가치 같은 것이 존재하며 그것을 존중해야 한다고 믿는 사회를 문명사회라고 부를 수 있다. 반대는 야만사회다. 그렇다면 지금의 자본주의 사회는?

맬서스적 세상과 신자유주의의 덫

이쯤에서 우리는 〈인구론〉으로 유명한 토머스 맬서스(1766~1834년)를 떠올리게 된다. 맬서스는 인구와 식량의 각각 기하급수적이고 산술급수적인 증가에 따른 비대칭 문제를 제기한 것으로 유명하다. 이 비대칭이 인류에게 재앙임은 분명하지만, 맬서스에 따르면 이 재앙은 인류의 종말을 유발하는 재앙은 아니다. 인구와 식량 사이의 비대칭은 한정된 자원에 맞춰 인구가 조정되는 방식으로 새로운 균형점에 도달하여 다시 대칭을 이룬다. 부족한 식량을 두고 사람들이 경쟁하다 보면 때론 '전쟁'을 통하여 비대칭을 해소한다. 인위적이고 급격한 전쟁이 없으면 '질병'이 나서고, 그래도 수

급불일치가 해소되지 않으면 '기근'이라는 극단적인 답이 최종적으로 대기한다. 답이라기보다는 비대칭 혹은 불균형의 폭력적이고 최종적인 조절이다.

공급(식량)에 맞추어 수요(인구)를 조절해야 한다는 이러한 논리 구조에서는 삶의 질이 언제나 최저수준을 유지하고 인구증가는 식량공급 증가폭 내에 머문다. 식량공급량을 넘어서는 인구의 증가는 살펴본 대로 인위적이든 자연적이든 '제재'를 받아, 말하자면 '덫(trap)'에 걸린 것과 같은 상태로 귀결한다. 사회 전체로 보아 삶의 질이 개선되지 않는다. 전반적인 삶의 질의 개선은 인구증가로 이어져 어떤 식으로든 다시 삶의 질을 끌어내리기 때문이다. 이러한 '맬서스 트랩' 상태에서는 사회가 무한루프에 갇혀 발전하지 못한다. 단적으로 "덮어놓고 낳다 보면 거지꼴을 못 면한다"는 1960년대 한국의 산아제한 구호가 이 무한루프 논리를 반영한다.

'맬서스 트랩'은 현대에는 유효하지 않은 것으로 되어 있다. 식량과 인구의 '맬서스 함수'에서 '균형'을 도출하는 방식이 완전히 달라졌다. 현재의 인류는 수요(인구)에 맞추어 공급(식량)을 만들어낼 수 있는 존재가 됐기 때문이다. 서구의 산업혁명에 해당하는 경제개발이 한국에선 1960대 중반 이후 진행됐으니 우리나라는 서구 제국과 비교해 상대적으로 최근에 '맬서스 트랩'에서 벗어났다고 할 수 있다. 남한 기준으로 해방 무렵 2000만 명이던 인구는 현재

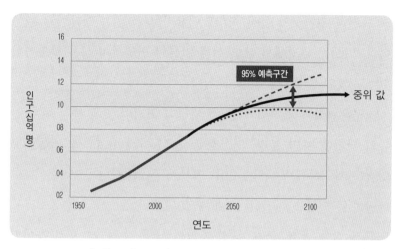

[그림 4-1] 2019년 유엔의 세계인구 전망치 (출처: 유엔)

5000만 명이 됐고, 1인당 국민소득(혹은 국내총생산)은 100달러 미만에서 3만 달러를 상회한다. 아프리카 등의 저개발국가를 논외로 해야 하겠지만, 적어도 대한민국은 '맬서스 트랩'을 탈출했다는 명백한 증거인 셈이다.

그렇다면 이제는 맬서스의 우려가 해소되고 '맬서스 트랩' 이론은 무의미해졌다고 선언해도 좋을까.

동의하지 않는다. 변수를 식량 외로 넓혀 예를 들어 포괄적으로 지구와 인간 사이의 함수를 새롭게 구성한다면 '맬서스 트랩'이 상당한 타당성을 갖게 될 것이다. 지구 전체로 보면 기후위기로 상징되는 전혀 경험하지 못한 '덫'에 인류가 걸려 있는 상태이기 때문이다. 거시적 관점에서 보면 현재 인류의 번영과 번성은 과도적이고 일시적인 현상에 불과할 수 있다.

지구온난화와 기후위기 등 전 지구적 위기의 덫에 빠진 현재 인류의 상황을 보면 분명 '맬서스 트랩'이 아직 유효하게 작동하고 있음을 확인하게 된다. 그것이 '맬서스'든, '코로나'든, 혹은 '지구온난화'든 인류는 여전히 '트랩'에 걸린 채다.

특정 집단, 특정 국가, 특정 지역의 삶의 질을 급속도로 높이기 위해서 다른 집단, 다른 국가, 다른 지역의 삶의 질을 망가뜨린 현대 인류의 대체적인 발전 공식은 맬서스의 생각과 크게 다르지 않다. 인류의 다수를 희생시키면서 소수가 '덫'에서 탈출하는 구조에서는 탈출에 성공한 소수마저 종국에는 다시 바닥으로 추락하게 된다. 근대 이후 인간은 자연 혹은 신에 맞서 전례 없는 자부심을 느끼게 되었지만 인류를 '덫'에서 구해내는 경로를 찾아내는 데에는 실패했다. 불균등하고 각기 다른 속도의 발전과정에서 '덫'에 걸렸을 때 또는 '덫'에서 빠져나오지 못하고 있을 때 '덫'에 걸린 이들 가운데서 누구를 살리고 누구를 희생시킬 것인지, 그러한 결정을 누가 어떻게 내릴 것인지를 제대로 고민하지 않았다는 측면에서 우리는 여전히 '맬서스적 세상'에서 살고 있다. 어쩌면 그 고민을 곧 시작해야 할지도 모르겠다.

'호모 이코노미쿠스', 외부효과, 코즈의 정리

　'핀토 트랩'은 모든 것을 계량화하고 시장화할 수 있다는 시장(市場)만능주의를 뜻한다. 위험 없는 세상보다 이윤 없는 세상을 더 못 견디는 세계관이다. 이 '시장 트랩'은 근대 이후 서구를 중심으로 세계 전역으로 확산되는데 근대의 유럽인과 현재의 세계인은 이것을 '트랩'이라고 인식하지 않았다. 반대로 인류발전의 최고 플랫폼으로 생각하며, 심지어 인류역사의 최종 진화형태로까지 추앙하는 이들이 있다. 합리성과 효율성이란 이름으로 설명되는 이 '트랩'에 원하든 원하지 않든 우리 모두는 사로잡혀 있으며, 때로 '덫'에 걸렸다는 사실을 지각하지 못한 채 평생을 살아간다.

시장의 우상을 섬기는 현재 인류를 익숙한 말로 '호모 이코노미쿠스'라고 하고 '호모 이코노미쿠스'가 살아가는 세상을 시장사회라고 한다. 시장사회의 전제는 시장경제다. 시장경제란 시장을 매개로 작동하는 경제체제다. 재화와 서비스의 생산·유통·분배는 이른바 자기조정 기능을 갖췄다고 간주되는 시장의 지배를 받는다. 시장은 한마디로 가격이다. 시장의 본질은 거래지만, 거래는 가격 없이 불가능하다. 가격은 시장이 존재를 사유하는 방식이라고 할 수 있다.

시장경제가 사회 전반을 지배하게 되는 것, 즉 시장사회화하는 데 따른 문제는 재화·용역이 시장 내에서의 거래가능성, 다시 말해 상품화만을 존재의 잣대로 설정하는 데서 일어난다. '도덕적 가치'에 관한 판단 결여가 따라온다. 시장이 지닌 매력 중 하나는 스스로의 선택이 만족스러운지 판단할 때 수치(數值) 외에는 결코 참조하지 않는다는 점이다. '핀토 메모'에서 목격한 그대로다. 시장은 값을 따지지 가치를 따지지 않는다. 유일한 질문은 "얼마죠?"일 뿐이다. 시장은 고개를 가로젓지 않을 것이다.[1]

여기서 가정하여 모든 문제를 성공적으로 해결한 정말 모범적이고 이상적인 시장사회라는 게 있다고 치자. 그렇다손 쳐도 시장만으로는 외부효과를 해결하지 못한다는 게 근본적 한계다.

경제주체가 본연의 경제활동을 수행한 결과, 또는 그 과정에서 예상하지 않은 혜택을 주거나 손해를 입히는 현상이 외부효과다. 이때 혜택과 손해에 대해 대가를 받거나 비용을 지불하지 않는다. 외부효과가 긍정적일 때(혜택)는 외부경제, 외부효과가 부정적일 때(피해)는 외부비경제라고 구분하지만, 외부효과하면 통상 외부비경제로 읽히는 문맥이 많다.

외부경제의 사례로는 양봉이 대표적이다. 양봉의 목적은 벌꿀을 이용해 꿀을 채집하는 것이다. 벌통을 부려놓은 인근 지역의 과수원과 자연 상태 초목의 수분에 기여할 의사는 양봉업자에게 전혀 없었다. 꿀벌의 도움으로 과수원에 과일이 열리고 과수원 주인은 과일을 팔아 돈을 벌게 되지만 과수원 주인이 양봉업자에게 가루받이 비용을 내지는 않는다. 미국에선 사정이 달라졌다.

2월의 미국 캘리포니아 아몬드 농장으로 가면 양봉의 외부경제 내용이 바뀐다. 미국의 대표 농산물인 아몬드의 가루받이를 위해 전국의 양봉업자가 모여들고, 양봉업자는 가루받이를 대가로 아몬드농장에서 돈을 받는다. 가루받이는 경제행위가 되어, 2월 캘리포니아의 아몬드 농장에서는 더는 외부경제로 여겨지지 않는다.

외부효과 중 외부비경제로는 피혁공장이 가죽원단을 만드는 과정에 화학약품을 써서 강 하류 어촌에서 환경오염이 발생한 것과 같은 전형적 사례를 들 수 있겠다. 어촌의 어획량이 감소하는 것은 물론이고 때로 기형 물고기가 발견되며 마을 주민들의 건강에도

[그림 4-2] 위: 개화기의 미국 캘리포니아 아몬드 농장,
가운데: 아몬드 꽃에 벌이 앉은 모습, 아래: 아몬드 열매가 열린 모습

(출처: 캘리포니아 아몬드 협회)

이상이 감지된다. 어촌의 삶은 긴 시간에 걸쳐 '이유 없이' 피폐해진다.

피혁공장과 어촌 사이에 분쟁이 일어난다. 분쟁의 해결방법은 여러 가지가 있지만, 당사자 간 해결 경로를 찾는 방법이 이른바 '코즈의 정리'다. '코즈의 정리'에서는 소유권 또는 재산권이 확실하게 정해져 있고 소통비용이 적다면 문제가 이해당사자 간에, 혹은 시장에서 자연스럽게 해결된다고 본다. '코즈의 정리'는 로널드 코즈(1910~2013년)라는 미국인 학자가 만든 것으로 수학자인 코즈는 1991년 노벨 경제학상을 수상했다.

먼저 소유권에 대해 살펴보면 이 사례에선 어획권이 확고한 권리로서 인정됐을 때 피혁공장의 조업으로 어획권이 침해됐는지가 입증된다면 어촌은 배상을 요구하는 한편 피혁공장에 조업중단까지 요청할 수 있다. 그런 사례는 드물겠지만 그래도 가정해 보면, 만일 이 강이 피혁회사 소유라면 어촌이 공장에 요구할 수는 있겠지만 아무런 권리가 없으므로 상황에 따라 어촌이 문을 닫을 수 있다. 현실에서는 강이 국가 소유일 확률이 높다. 어획권의 범위가 모호하고 피혁공장의 화학물질이 어장 황폐화에 어떤 영향을 미쳤는지 규명하기가 쉽지 않기 때문에 제시된 사례의 분규는 장기화할 가능성이 크다. 물론 과거 얘기로 요즘은 이런 사례를 적어도 한국에서는 보기 힘들다.

윤리적인 측면을 떠나서 먼저 법률적으로 소유권이 확실하게 정해져 있고 두 번째로 소통비용이 낮다면 이해당사자들이 합의해서 (외부효과) 문제를 해결할 수 있다는 게 '코즈의 정리'다. 그러나 제시된 사례에서 짐작할 수 있듯 '코즈의 정리'를 통해서는 외부효과를 완전히 해결할 수 없다. 문제 해결이 아닌 분쟁의 해결이다.

'코즈의 정리'는 외부비경제를 차단하지 못한다. 외부효과를 원천적으로 차단하려면 강에 화학약품이 유입되어서는 안 된다. 당사자 사이에 분쟁 해결을 맡겨 놓으면 '원천 차단'이 테이블 위에 의제로 오르겠지만 더 많은 배상을 받아내기 위한 카드 정도로만 활용될 가능성이 크다.

피혁공장이 오염물질 배출을 '제로'로 만드는 신공법을 도입한다면 해피 엔딩을 기대할 수도 있다. 국가의 규제 없이 순수하게 당사자 간의 협의라는 전제 아래 만일 신공법 도입 비용이 배상 비용보다 크다면 해피 엔딩은 대체로 무산된다. '핀토 메모'와 동일하게 비용편익분석 틀이 작동하고, 시장 실패로 이어지게 된다. 이때 이제 오염 문제는 외부효과가 아니라 비용으로 성격이 바뀐다.

'코즈의 정리'의 해법하에서 피혁공장이 돈으로 문제를 해결할 수도 있다. 기존 조업방식을 유지하면서 어촌의 어로 자체를 포기하게 만드는 방법이다. 어촌에 적정하게 배상한 다음 다른 피혁공장까지 짓고 그곳 어민들을 직원으로 채용하면 두 이해당사자가 서로 만족하는 결론으로 보일 수 있다. 그러나 두 이해당사자뿐 아니라 사회 전체가 이용하는 강은 만신창이로 변하게 된다. 당사자들에게만 분쟁 해결을 맡겨 놓으면 외부효과 해소는 의제 목록의 하단에 머물 것으로 예상된다.

더불어 사회가 복잡해지면서 소통비용이란 게 생각만큼 낮지 않다는 점을 고려해야 한다. 인터넷을 비롯해 사회에 다양한 직접적인 소통수단이 생기면서 소통비용이 낮아지고 있기 때문에 '코즈의 정리'가 다시 주목받고 있기는 하다. 하지만 사회에서 한 가지 문제가 1:1의 구조 속에서 결정되는 일은 거의 없다. 대부분 하나의 사회현상에 복수의 이해관계자가 존재하기 때문에 관련된 모든 이해관계자의 이익을 최대한 보장하면서 합리적인 해결책을 찾아내는 데는 비용과 시간이 너무 많이 들어 자칫 실기(失期)할 수 있다. 문제 자체도 깔끔하고 제대로 정의되지 않을 때가 많다.

제기된 강 사례로 돌아가 복수의 어촌과 복수의 피혁공장이 있다고 가정하면 협상이 금세 더 복잡해진다. 강 주변에 어촌 말고 농촌이 있을 수 있고 피혁공장 말고 신발공장이 있을 수도 있다. 합의에 도달하기 위해 옥신각신하는 사이 강에는 더 많은 독극물이 유입되어 물고기 씨가 마르고 어촌은 회복불능이 된다. 결국 강과 어촌은 죽음의 지역으로 변해버려 강 주변은 유해물질을 방류하는 공해 유발 업체들로 가득 차는 결론에 다다를 수 있다. 과거

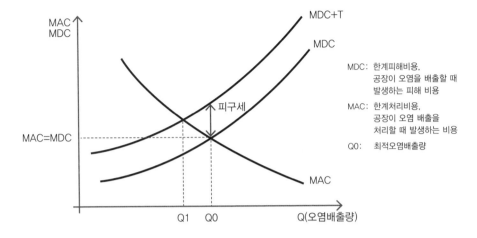

MDC: 한계피해비용,
공장이 오염을 배출할 때
발생하는 피해 비용

MAC: 한계처리비용,
공장이 오염 배출을
처리할 때 발생하는 비용

Q0: 최적오염배출량

오염물을 배출하는 공장의 입장에서는 MDC=MAC일 때의 오염배출량이 최적인데, 피구세(Pigou Tax)를 오염배출 공장에 부과하게 되면 한계피해비용(MDC)이 피구세(T)만큼 상승하여(MDC+T) 그래프가 왼쪽으로 옮기게 된다. 이때 최적의 오염배출량은 피구세 부과 전(Q0)에서 Q1으로 줄어들게 된다.

[그림 4-3] 피구세(Pigue Tax)

많이 목격한 모습이다. 장기적으로는 나중에 강을 다시 살리게 되는데, '티핑 포인트'를 넘어서기 전에 시민사회와 공공부문이 개입해 사전에 조정한 것에 비해서 '사회적으로' 더 큰 비용을 문다.

보통은 정부가 많이 개입한다. 흔히 보는 수단이 규제다. 환경오염을 유발한 경제주체에게 배출부과금, 즉 세금을 물리자는 '피구(Pigou)세' 구상이 대표적이다. 피혁공장에다 화학물질 방류와 관련해 과세라는 제재를 가한다. 그러나 경제성장기에는 규제가 잘 동원되지 않는다. 산업화 초기에 각국 정부는 산업자본이 비용을 사회화(또는 외부화)하고 이익을 사유화(또는 내부화)하도록 도움을 준다. 보통 유치(幼稚)산업* 육성을 명분으로 산업자본을 보호하는 국가권력은 '비용의 사회화와 이익의 사유화'에 항의하는 국민과 노동자를 폭력적으로 진압한다.

그 이유는 예를 들어 피혁공장이 꼭 유치산업에 해당하지 않더라도 저개발국가일 때는 일자리를 만들고 외국에 상품을 수출해서 달러를 벌어오는 것이 수질이나 어장 보호보다 더 중요하다고 보기 때문이다. 국가권력이 산업자본과 결탁한 정경유착이 그 이유일 때도 있다. 불모상태에서 산업화가 어느 정도 진행되자 정부는 기업이 상품을 만들면서 사회·환경 기준을 지켰는지를 점점 더 꼼꼼하고 엄격하게 들여다보기 시작한다.

규제가 가해진다. 적정한 수준을 정해서 그 이상으로는 유해물질을 공장 밖으로 내보내지 못하게 법으로 금지한다. 법을 지키는지 확인하기 위해 담당 공무원이 가끔 현장에 나온다. 단속에 걸리면 벌금을 물게 되고 심하면 공장 문을 닫는 일이 생긴다. 이때 감독비용이 발생한다. 단속공무원 조직을 유지하는 것과 개별 단속공무원이 업자와 유착하지 못하도록 감시하는 데 드는 비용이다.

---

* 한 나라의 산업 중 성장잠재력은 있지만 최초의 실험단계에서 벗어나지 못해 국제경쟁력을 갖추지 못했거나 금융상 곤란에 처한 미발달의 산업이다. 영어로는 'Infant industry'라고 한다. 영어 표현이 더 이해가기 쉽다.

정부 조직이 커진다. 1967년 보건사회부(현 보건복지부) 보건위생과를 환경위생과로 바꾸어 신설한 공해계가 정부 내 환경담당 조직의 시초다. 1980년 보사부 외청인 환경청으로 승격했고 1994년 환경부가 되었다.

규제 대신 장려금 또는 보조금을 주는 정책을 선택하기도 한다. 예를 들어 유해물질을 처리하는 환경설비를 설치하는 기업에게 정책자금을 지원하거나 세금을 깎아주는 방법을 쓸 수 있다. '코즈의 정리'에서 제시한 해법과 비교해 일견 비효율적으로 비칠 수 있겠지만 외부효과 차단에는 도움이 된다. 정부가 개입해서 시장 실패를 미리 방지하는 방법론이다.

'핀토 메모'나 '코즈의 정리'는 외부효과가 쟁점이 아니다. 두 가지 모두 가치를 배제한 비용편익분석이 의사결정이 기준이 된다. '핀토 메모'가 위법한 반면 '코즈의 정리'는 그렇지 않을 따름이다. 많은 외부효과가 시간이 흐르면서 기업과 조직 경영의 고려요소이자 비용투입 대상으로 바뀌고 있다. 예를 들어 피혁공장에서 오염물질을 내보내는 건 이제는 위법행위로 공장은 정화비용을 물거나 공장폐쇄까지 포함하여 상응한 제재를 받는다. 온실가스는 수백 년 동안 기업들이 의식하지 못한 외부효과였지만, 지금은 규제이자 비용이다. '비용의 사회화와 이익의 사유화'의 정정으로, 정정 과정에 ESG 개념이 요긴하게 활용된다.

'비용의 사회화와 이익의 사유화'는 외부효과를 명확히 한 표현이지만, 실제 외부효과가 작동하고 있어도 '비용의 사회화'가 표면으로 드러나지 않을 때가 많다. 외부효과가 인식의 외부에 머물러 있는 셈이다. 그것을 외부에 은폐되어 있게 하지 말고 사회 공론의 장에서 공공연하게 드러내어 사회전체가 판단하게 해야 한다. 그때엔 사회적 관점의 비용편익분석이 동원되어도 무방하다. 그것은 '핀토 메모' 사례와 같은 용어를 쓴다고 해도 완전히 다른 비용편익분석이 된다. 그 전 과정을 ESG라고 말해도 틀린 말은 아니다.

근절되지 않는 아동노동 착취, 직접 하지 않으면 책임이 없는 걸까

'비용의 사회화와 이익의 사유화'의 유혹은 기업에게 여전히 강하다. 특히 이것이 관행일 때 적당히 "몰랐다"고 둘러대며 슬그머니 '몰랐다'에 편승하여 넘어가곤 한다. 마르크스의 〈자본론〉(1867년) 시대에만 존재할 것 같은 아동노동을 저명한 다국적 기업들이, 비록 간접적이긴 하지만 요긴하게 활용하는 시점은, 현재다.

2021년 2월 네슬레, 허쉬 등 글로벌 식품기업들이 아프리카의 코코아 농장에서 아동노동착취를 묵인했다는 혐의로 미국에서 피소됐다. 국제 인권단체인 국제권리변호사들(IRA)은 미 워싱턴 DC 연방법원에 네슬레, 허쉬, 카길, 몬델레스 등 세계 식품기업을 상대로 집단소송을 제기했다. IRA는 코트디부아르의 코코아 농장으로 끌려가 노동착취를 당했다고 주장하는 8명의 원고를 대리해 소장을 제출했다. 원고들은 서아프리카 말리 출신인 것으로 전해졌다.

현재 모두 성인인 이들은 자신들이 16세도 되지 않았을 때 사기에 넘어가 코트디부아르의 코코아 농장에서 수년 간 노역에 동원됐다고 주장했다. 비인간적인 환경에서 일했고 더구나 임금을 받지 못했다.

원고 측은 "네슬레와 허쉬 등 초콜릿을 제조해 판매하는 글로벌 기업이 코트디부아르에서 직접 코코아 농장을 소유하고 운영한 것은 아니지만 그들의 영향력이 지배적인 코트디부아르의 농장지대에서 수천 명의 어린이가 강제노동한다는 사실을 인지하고도 묵인했다"고 주장했다.

코코아는 초콜릿의 원료다. 세계 최빈국 중 하나인 코트디부아르는 전 세계 코코아의 45%를 공급한다. 이 지역 코코아 재배 산업을 두고 저임금 문제를 비롯해 아동노동 착취, 구조적 빈곤 등의 문제가 끊임없이 제기됐다. 코트디부아르를 영어로 표기하면 우리에게 익숙한 아이보리코스트(Ivory Coast)인데, 제국주의 시절 상아를 수출한 식민지의 상흔이 남은 국호다. 지금은 상아 대신 코코아를 수출하면서 제국주의 시대와 유사한 형태의 고통을 여전히 겪고 있는 셈이다.

　소송을 당한 기업들은 아동노동 착취에 반대한다는 원론만 밝혔다.[2] 블룸버그통신에 따르면 카길은 코코아 생산에서 아동노동에 무관용 정책을 갖고 있다고 밝혔고, 네슬레는 아동노동에 명백히 반대하며 이를 종식하기 위해 노력 중이라고 답했다.

　아동노동 착취는 꽤 긴 시간 네슬레를 괴롭힌 사안이다. 미국 민주당 상원의원 톰 하킨과 하원의원 엘리엇 엥겔은 네슬레 등 코트디부아르에서 카카오를 수입하는 초콜릿 제조업체들과 2001년 〔하킨-엥겔 협약(Harkin-Engel Protocol)〕을 맺었다. 〔코코아 협약〕이라고도 불리는 이 협약은 국제노동기구(ILO) 조약 182호에 따라 카카오 생산 단계에서 '가혹한 형태의 아동노동'을 2005년까지 근절하겠다는 내용을 담았다. "기업이 해당 농장에 아동노동이 전혀 없다는 점을 직접 증명할 것" "기업은 아동노동자들이 각자 자기 나라로 돌아갈 수 있도록 프로그램을 구성할 것" 등의 항목이 의무사항에 포함됐다.[3] 그 뒤로 네슬레는 자사의 공급망에서 아동노동력을 배제했다고 반복해서 주장했지만, 네슬레를 따라다니는 아동노동 착취 혐의를 떨어내지는 못했다.

　ILO는 오늘날 위험한 작업에 참여하는 5~17세의 아프리카 아동이 5900만 명에 달할 것으로 추정했다. 유니세프와 ILO가 2021년 6월 12일 '세계 아동노동 반대의 날'을 맞아 펴낸 〈아동노동:

2020 동향과 전망〉 보고서에 따르면 전 세계에서 노동에 동원된 아동은 1억6000만 명이다.

네슬레의 아동노동 착취 혐의는 코코아에 국한하지 않는다. 영국 방송사 채널4의 디스패치스(Dispatches)는 과테말라의 커피 농장에서 아동노동 착취가 이루어지고 있다는 사실을 취재해 2020년 3월 보도했다. 네슬레의 캡슐 커피 브랜드인 네스프레소와 스타벅스라는 두 커피 거인에게 커피를 공급하는 곳들이다. 디스패치스는 영화 촬영을 핑계로 과테말라를 방문하여 커피 공급업체에 접근한 뒤 커피콩 생산농장에 잠입했다. 그곳에서 기자들은 열악한 환경에서 장시간 일하고 있는 아이들을 촬영했다.

네스프레소와 연결된 7개 커피 농장과 스타벅스와 연결된 5개 농장 모두에서 아동노동이 발견됐다. 심지어 11~12세라고 전해 들은 어린이 중에는 8세 정도로 어려 보이는 아이들이 있었다. 그들은 무더위와 벌레, 뱀과 싸워야 하는 환경에서 일주일에 최대 6일, 하루에 약 8시간을 일했다. 일을 마치고는 수확한 콩의 무게에 따라 급여를 받은 뒤 최대 50kg에 육박하는 무거운 콩 자루를 다른 구역으로 옮겨야 했다. 일반적으로 어린이의 급여는 하루에 5파운드 미만이며, 때로는 시간당 31페니로 생존에 필요한 필수품을 사는 데에도 못 미치는 금액이다.

영국에서 커피 한 잔의 평균 가격이 2020년을 기준으로 2.5파운드라 할 때 그 가운데 카페 88페니, 세금 38페니, 우유·컵·커피스틱·냅킨 등 28페니, 스타벅스 같은 커피 회사 25페니, 커피 공급자 10페니가 돌아간다. 커피 공급자 몫 10페니 중 1페니가 커피 농부에게 돌아가고 그 1페니의 일부가 농장 노동자의 임금이다. 네스프레소의 영국 매출은 2019년에 10억 파운드를 돌파했고 전 세계적으로 200억 개 이상의 캡슐을 판매했다.

과테말라는 높은 품질의 원두로 유명한, 세계에서 10번째로 큰 커피 생산국이지만, 코트디부아르와 마찬가지로 세계에서 가장 가

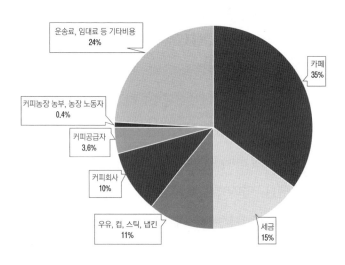

[그림 4-4] 커피 한 잔 가격(2.5파운드)의 구성

난한 국가 중 하나다.

네스프레소는 최고경영자(CEO) 기욤 르 커프 명의의 성명에서 "네스프레소는 아동노동을 절대 용납하지 않는다"라고 주장하며 보도 내용을 철저히 조사할 것과 모든 문제를 성실하게 처리하고 단호한 조처를 할 것을 밝혔다.[4] 네슬레에 원료를 공급하는 제3세계 농장의 아동노동은 왜 근절되지 않는 걸까. 직접 하지 않으면 책임이 없는 걸까. 네슬레를 둘러싼 오랜 의문이다.

[그림 4-5] 아동노동의 현장

(출처: 유니세프와 ILO의 〈아동노동: 2020 동향과 전망〉 보고서)

돌고래를 지키지 못하는 참치통조림, 라벨링이 해답일까

소비자에게 제품의 정보를 즉각적으로 전달하는 방법에는 '라벨 링'이 있다. 라벨링은 물품의 용기에 부착된 서면, 인쇄 또는 그래 픽 자료의 표시를 의미하고, 탄소 배출·에너지·식품 안전성 등 제 품의 정보를 소비자들에게 알려주기 위한 목적을 갖는다.[5] 소비자 는 라벨에 적힌 관련 정보를 종합적으로 평가하면서 제품을 구매 할 수 있다. 라벨링은 소비자와 생산자 모두에게 행동 변화를 일 으킬 수 있다.[6] 가끔 라벨이 진짜 정보를 담았는지 의문이 들기도 한다.

오래된 영화 얘기를 해보자. 중년의 형사(대니 글로버)가 가족과

[그림 4–6] 〈리썰 웨폰 2〉의 한 장면

함께 모여 텔레비전을 시청한다. 그가 참치 샌드위치를 한 입 베어
물려던 순간, 그의 딸과 아내가 소리친다. "참치?"("설마 참치를 먹
는 거야?" 정도의 의미다.) 1989년에 개봉한 영화 〈리썰 웨폰 2(Lethal
Weapon 2)〉의 한 장면이다. 1980년~1990년대 미국에서 일어난 참
치통조림 불매 운동과 관련된 장면이다. 극중에서 아내(달린 러브)
가 설명하듯 참치를 대량으로 어획하는 과정에서 그물에 걸린 돌

고래를 죽이는, 즉 '부수적 피해'를 일으키며 참치를 가져간다는 사실이 알려져 어린이를 비롯하여 미국 공중(公衆)이 분노했다.

인간 활동으로 인한 해양포유류의 개체수 감소에 관심을 가지기 시작한 미국은 [해양포유류보호법(MMPA, The US Marine Mammal Protection Act)]을 1972년에 제정했다. 이 법은 해양포유류의 심각한 부상 및 사망을 유의미한 수준으로 낮추는 게 목적이다. 이 법에 따라 미국은 해양포유류 개체군을 지속가능하도록 보호하는 프로그램을 마련했다.[7]

참치 어업 과정에서 돌고래의 '부수적 피해'가 더 쟁점이 되자 미국은 미주열대참치위원회(IATTC)에 문제 해결 프로그램을 만들게 했다. 돌고래는 주로 큰 참다랑어와 같이 헤엄치기 때문에 동부 열대 태평양과 지중해에서 참치 어업의 부수어획으로 돌고래가 많이 죽거나 다친다.[8] 1976년 IATTC 회원국(현재 21개국)은 참치잡이에서 불필요하거나 무의미한 살해를 피하고자 합당한 노력을 기울이기로 합의했다. 이에 따라 참치 어선의 어로에 의한 돌고래 사망률을 추산하고, 돌고래 개체 수에 미치는 영향을 평가하며, 어획 중 돌고래 사망률을 가능한 최저수준으로 낮추는 방법을 조사하도록 하는 프로그램을 마련했다. 첫 조치로 미국 외 다른 국적 선박에서도 필요한 정보를 수집하기 위해 IATTC는 미국수산청이 시행한 것과 유사한 관측 프로그램을 만들어 1979년 회원국에 도입

했다.[9]

모든 국가가 관측 프로그램에 참여한 첫해인 1986년 총 돌고래 사망 수가 13만여 마리로 파악됐다. 이전 10년 간 추정된 연간 수준의 약 세 배였다. 1987년 생물학자인 샘 라부드(Sam LaBudde)는 환경단체 'Earth Island Institute'와 'Marine Mammal Fund'의 지원 아래 참치 어선에 비밀리에 잠입해 어선이 거대한 어망으로 돌고래를 둘러싼 채 참치를 잡고 있음을 밝혀내고, 현장 영상을 공유했다. 이 영상은 미국 전역으로 퍼져 미국인을 분노케 했고, 이러한 분노의 일단이 영화 〈리썰 웨폰 2〉에 반영되어 지금까지 전해진다.[10]

1988년 MMPA는 해양포유류를 괴롭히거나, 사냥, 포획, 살해하는 행위를 하는 나라의 참치 수입을 금지하는 내용을 담아 개정됐다. 이에 따라 미국에 참치를 수출하려면 두 가지 조건 중 하나를 준수해야 했다. 하나는 해양포유류 포획을 규제하는 미국과 유사한 수준의 프로그램을 자국이 시행 중임을 증명하는 서류를 제출해야 한다. 다른 하나는, 해당 국가 선박이 해양포유류를 부수 어획하는 평균 비율이 미국 선박이 포획한 평균 비율과 비슷해야 한다. 구체적으로는 미국 평균의 1.25배를 초과하면 미국 수출이 금지된다.

또한 중계무역으로 미국에 참치나 참치 제품을 수출하는 국가는, 참치나 참치 제품의 대미 수출이 금지된 국가의 것을 가져다 미국에 수출할 수 없다. 2년의 유예기간을 둔 개정안 통과 후 1990년 3월 30일 시행을 위한 최종 규칙이 발표됐다.[11]

이에 따라 멕시코는 미국에 참치 제품을 수출할 수 없게 됐다. 멕시코는 "미국의 멕시코산 참치 제품 수입금지가 〔관세 및 무역에 관한 일반 협정(GATT)〕의 정신에 부합하지 않는다"며 1991년 2월에 GATT에 제소했다. GATT 합의체(패널)는 멕시코에 대한 미국의 수입 규제가 GATT의 조항과 일치하지 않는다며 멕시코의 손을 들어주었다. 현재 세계무역기구(WTO) 체제에서는 합의체 보고서를 해당 WTO 회원국이 발표 60일 이내에 거부하지 않으면 자동으로 채택되지만, 구 GATT에서는 그렇지 않았다. 멕시코와 미국은 GATT 외부에서 합의에 도달하기 위해 자체 양자 협의를 진행했다.

1992년에 유럽연합(EU) 전신인 유럽공동체(EC)도 이의를 제기했고 1994년 중반에 GATT 회원들에게 배포된 두 번째 합의체 보고서가 발표되어 다시 한번 미국이 졌다. 하지만 미국이 합의하지 않으면서 구 GATT 시스템 하의 두 건의 합의체 보고서는 최종적으로 채택되지 않았다.[12]

GATT의 무역 분쟁과 별개로 미국의 가장 큰 참치통조림 회사인 스타키스트(StarKist)는 자국 내 소비자의 참치 불매운동의 취지를 받아들여 돌고래의 안전을 보장하는 어로방법으로 잡은 참치통조림을 판매하기로 하고, 자체적으로 '돌고래 안전(dolphin safe)' 라벨을 붙이기로 했고, 연이어 3대 참치통조림 회사의 나머지 두 기업(Chicken of the Sea, Bumble Bee)도 '돌고래 안전' 라

[그림 4-7] 미국 상무부 공식인증 돌고래 안전 마크(Dolphin Safe Mark)
(출처: NOAA)

벨을 도입했다. 당시 3대 기업의 미국 참치통조림 시장 점유율은 약 75%에 달했다.[13]

'돌고래 안전' 라벨은 어로작업 중 돌고래 등 해양포유류를 죽이는 것을 최소화하기 위해 고안된 마크다. '돌고래 안전' 라벨이 붙은 참치통조림은 통조림 안의 참치를 잡을 때 돌고래에게 해롭지 않은 어로 방법을 사용했음을 주장하는 기호다.[14]

미국 의회는 업계의 자발적 라벨링 동향을 참조하여 1990년에 안전한 라벨링 표준을 제시하는 〔돌고래 보호 소비자 정보법(DPCIA, Dolphin Protection Consumer Information Act)〕을 제정했다. DPCIA에 명시된 '돌고래 안전' 라벨이 미국 상무부가 지정한 표준 인증이 된다.[15] DPCIA는 유자망과 건착망 등 어구의 종류, 감시체제 등 세부사항을 명시하며 '돌고래 안전' 라벨 인증 기준을

제시했다.[16]

멕시코는 미국의 '돌고래 안전' 라벨이 무역에서 불공정한 차별에 해당한다며 2008년 10월 이번에는 GATT의 후신인 WTO에 제소했다. 각각 2011년, 2012년에 배포된 합의체와 상소기구 보고서에서 '돌고래 안전' 라벨링이 WTO 비차별 의무를 위반했다고 결론 나면서 미국은 다시 패소했다.

미국은 WTO의 결정을 받아들여 2013년 7월에 연방법(50 CFR § 216.91, 261.93)을 수정하며 라벨링 기준을 일부 변경했다. 그러나 멕시코는 이것 또한 불공정한 차별에 해당한다며 WTO에 이행 관련 분쟁을 요청했고, 2015년 11월 WTO 상소기구는 미국의 참치 제품에 대한 '돌고래 안전' 라벨 부착 제도가 여전히 분쟁해결기구의 권고 및 판결에 부합하지 않는다고 결론 내렸다.

멕시코는 2016년 미국의 WTO 협정 의무 불이행으로 입은 피해액이 4억7230만 달러라고 주장하며 보복 절차에 관한 중재를 요청했다. 중재가 받아들여져 멕시코가 주장한 액수의 3분의 1가량인 연간 1억6323만 달러의 보복 관세를 2017년부터 멕시코가 미국에 부과할 수 있게 되었다.

미국은 2016년에 한 번 더 라벨링 규정을 고쳤고, WTO에서 멕시코와 다시 한번 분쟁을 겪은 뒤 2019년에 최종적으로 미국의 주장이 받아들여졌다. 약 30년에 걸친 미국과 멕시코 사이의 참치 분

쟁은 미국이 최종적으로 승리를 얻으며 종결됐고 '돌고래 안전' 라벨 또한 살아남았다.[17]

30년 분쟁을 감수하며 미국은 '돌고래 안전' 라벨을 지켜냈지만, 이 라벨이 정말 돌고래를 보호하는 유효한 수단인지에 관해선 회의가 확산하고 있다. '돌고래 안전' 라벨을 받기 위해서는 선장 또는 국가/국제프로그램에 참여하는 감시관이 조업하는 동안 의도적인 건착망 설치 및 사용과 돌고래의 심각한 사상이 없었다고 서면으로 인증하는 것이 필요한데, 다큐멘터리 〈시스파라시(Seaspiracy)〉는 현재 '돌고래 안전' 라벨링이 실제로 돌고래의 안전을 보장하지

[그림 4-8] 시스파라시

못한다고 고발했다. 감시관이 존재하지만 매번 승선하지 않으며, 선장이 구두로 돌고래가 죽지 않았다고 하면 그렇다고 믿으며 심지어 뇌물을 받고 라벨이 발급된다고 주장했다. 바다의 진실은 육지의 진실보다 파악하기가 더 어렵다는 내용이다.

참치 분쟁은 동물의 권리, 혹은 생존권을 지키려는 정책이 수입 규제로까지 이어진 사례다. 저탄소 경제와 탄소중립의 실현을 위한 정부 또는 기업의 엄격한 환경적 조치는 통상 마찰로 이어질 수 있지만, 갈수록 해외시장의 환경 규제가 강화해지고 있으며, 깨끗하고 안전한 제품에 대한 요구도 높아지고 있다.[18] 미국과 멕시코의 30년 참치 분쟁의 경과에서 드러났듯, 자유무역체제에서도 생태계 보호에 점점 힘을 싣는 경향이 강해지고 있다.

전부원가회계의 '공정가격'은 '공정시장'을 필요로 한다

미국이 멕시코산 참치통조림의 수입을 금지한 이유는, 멕시코의 참치잡이 어선이 어로과정에서 돌고래에게 피해를 주고 있고 그런데도 이러한 어로방법을 바꾸지 않았기 때문이었다. 앞서 미국 정부는 참치잡이 과정에서 돌고래에게 '부수적 피해'가 일어난다는 지적에 따라 자국 참치잡이 어선에 기존 조업방법을 개선하도록 조치했다.

멕시코 영해에서 조업하는 멕시코 배들은 응당 멕시코법을 준수하겠지만 미국법을 지킬 의무는 없다. 따라서 미국 참치잡이 배들이 돌고래를 보호하는 어로법을 사용하는 동안 멕시코 어선들은 종전과 같은 방식, 즉 돌고래에게 '부수적 피해'를 입히는 방식으로 참치를 잡는다. 멕시코 영해에서 돌고래가 더 많이 죽어 나가지만, 사실은 바로 그 이유로 미국과 비교해 멕시코 쪽 어로 비용이 상대적으로 낮아지게 되어 멕시코산 참치통조림이 미국산 참치통조림보다 더 싸질 수밖에 없다. 참치통조림처럼 가공과정에 특별한 기술 차이가 없는 제품에서 원재료를 조달하는 가격을 낮춘다면 확고한 경쟁우위에 설 수 있다.

물고기가 자유롭게 헤엄치는 바다 밑과 달리 바다 위에 인위적 국경이 존재하듯이, 참치에 국적이 없지만 참치통조림에는 국적이 존재한다. 시장은 또 다른 개념의 영토를 갖는데, 그 영토의 한 나라가 아니라 세계에 걸친다. 자본의 영토는 참치가 헤엄치는 바다 밑과 마찬가지로 국경을 무력화하고 쉽게 넘어선다. 한마디로 세계화란 용어로 설명되는 현상이다.

세계화에 따라 미국 소비자는 슈퍼마켓 매대에서 미국산 참치통조림과 미국산보다 값이 싼 멕시코산 참치통조림이 동시에 놓여 있는 걸 보게 된다. 통조림 안에 담긴 참치에 사실상 품질 차이가 없는데 하나는 싸고 하나는 비싸면 소비자가 어느 것을 선택할지 너무나 자명하다.

미국 정부는 생태계 보호라는 대의를 지키는 자국 참치잡이 업계를 보호하기 위해 수입금지 카드를 내밀었지만 GATT와 WTO

는 보통 사람들의 예상과 달라, 미국이 아닌 멕시코의 손을 들어주었다. GATT와 WTO는 무역장벽을 최대한 낮추고 이른바 자유무역을 확대하려고 노력한다. 예외로 인정되는 특별한 상품을 빼고는 동종상품(like product)에 있어 외국산 차별을 금지한다. 미국산 참치통조림과 멕시코산 참치통조림을 동종으로 보아 수입금지에 반대한 것이다.

쟁점은 돌고래의 '부수적 피해'가 멕시코산 참치통조림을 미국산의 동종상품으로 판정하는 데에 고려요인인가 아닌가다. 자유무역을 지지하고 촉진하는 WTO가 제조공정방법(PPMs, Process & Production Methods)을 엄밀하고 협소하게 해석한 결과 멕시코의 손을 들어주게 된다. 만일 멕시코산 참치통조림에 독극물이 들었다든지 하는, 제품과 직접 관련된 하자라면 당연히 수입금지를 받아들이지만, 사실 참치통조림만 놓고 보면 먹거나 유통하는 데 전혀 문제가 없다는 논리였다.

미국 정부는 이때 시장의 정치화라는 해법으로 대응했다. 환경경제학에서 제시하는 라벨링(labelling)은 경제적 행위가 아니라 정치적 행위다. 정치적이지 않은 경제적 행위가 없기는 하지만, 라벨링은 확고하게 정치적이다. 오랜 자본주의 이념에 따라 자체 품질만으로 시장에서 평가받아야 할 상품에 구호를 덧씌운 것이다. 경제적 효용뿐 아니라 효용 외적인 동기에 의해서도 상품구매가 이뤄지도록 유도하는 게 라벨링이다.

살펴본 대로 요즘엔 '돌고래 안전' 라벨링이 실질적으로 돌고래 보호 효과를 거두지 못하고 일부 단체에게 라벨 장사를 하게 하는 용도로 전락했다는 비난이 제기되는 상황이지만 이 상황과 별개로 미국과 멕시코의 참치 분쟁은 적잖은 시사점을 던져준다.

참치잡이 과정에서 일어나는 돌고래의 '부수적 피해'는 앞서 거론한 피혁공장 사례처럼 전형적인 외부효과다. 미국 정부가 외부효과 해소에 나섰지만, 문제는 한 국민국가만의 노력으로는 그 노력이 성공적이지 않았다는 사실이다. 세계화의 폐해다.

세계화는 자본과 노동의 국경을 넘어선 자유로운 이동을 말하는데, 역사상 여러 차례 존재한 세계화 가운데 지금의 세계화가 제일 강력하다. 세계화와 디지털화 혹은 디지털 경제. 이 두 가지가 결합해 만들어진 세상은 여러모로 위력적이고 파괴적이어서 ESG 사회 실현에 장애를 초래한다. 세계화에서 제공되는 정보는 대체로 '시장적인' 것이다. 중국 동부 해안의 스웨트샵(sweatshop, 노동 착취공장)에서 장시간의 비인간적 노동 끝에 만들어진 옷인지 소비자는 알 도리가 없다. '돌고래 안전' 라벨 도입 이후엔 그나마 돌고래를 희생시킨 참치통조림인지 어느 정도 구분할 수 있게 됐다. 하지만 'dolphin safe' 마크는 있지만 'dolphin killing' 마크는 없고 'dolphin safe' 마크마저 실제로 돌고래를 보호하며 어로했는지를 입증하지 못한다. 시장이 세계적 규모로 커졌고 주로 시장 정보만이 ICT를 통해 실시간으로 공유되고 있는 세상에서 '공정가격'의 '공정상품'은 시장에서 살아남기 힘들 것이다.

미국과 멕시코 사이를 흐르는 강인 리오 그란데가 두 나라의 영토를 나누지만 참치통조림 시장을 나누지는 못해서 미국 제품과 멕시코 제품이 같은 시장에서 경쟁하게 되어 예의 참치분쟁이 발생했다.

'공정가격' 개념을 적용하면 'dolphin safe'의 미국산 참치통조림과 'dolphin killing'의 멕시코산 참치통조림 사이에 가격 차이가 나야 한다. 멕시코산 참치통조림엔 'dolphin killing' 비용을 더 얹어야 하기 때문이다. 그러나 앞서 살펴본 대로 많은 기업이 시장가격에서 스스로 부담해야 할 사회적 비용(여기선 생태적 비용)을 외부화하는데, 멕시코산 참치통조림 또한 'dolphin killing' 비용을 생태계에 전가하기에 미국산보다 낮은 가격을 유지할 수 있다. '공정한 시장'이 없는 '공정가격'은 허무한 외침으로 그치고 만다.

같은 허무한 외침이지만 '공정가격'은 전부원가회계(full cost accounting)와 동일한 논리를 갖는다. 상품이 만들어지기까지 들어간 경제적이고 환경적이고 사회적인 모든 비용, 즉 전부원가(full cost)를 반영하자는 말은 외부에 이전한 비용을 내부화하자는 말과 같다. 비용의 외부화, 즉 상품이 만들어지기까지 들어간 경제적이고 환경적이고 사회적인 모든 비용 중 일부 혹은 상당 부분을 상품 생산자가 지지 않고 외부로 이전하는 것에 대한 대안이 전부원가 회계다. 돌고래를 살리는 비용까지 포함한 참치통조림 가격이 참치통조림의 공정가격이고, 그것은 전부원가회계를 통해 산출된 가격이다. 전부원가회계를 ESG회계라고 바꾸어도 무방하며, 시장과 공공 부문에서 전면적인 ESG회계의 도입과 공정가격 혹은 ESG가격을 작동시키는 게 기후위기 시대의 유력한 활로다. 타개할 방법이 없지는 않겠지만 당장 상품가격 인상으로 이어질 가능성이 크다는 게 고민이다.

[그림 4-9] 사진 돌고래 떼 유영 (출처: 픽사베이)

전과정평가와
소니의 플레이스테이션 반품 사태

전부원가회계와 철학을 같이하는 환경공학 쪽 방법론을 들라면 전과정평가(LCA, Life-Cycle Assessment)를 떠올릴 수밖에 없다.

내가 구매한 제품이 세상에 미치는 환경적 영향은 무엇인가. 이 질문에 답하기 위해서는 수많은 요인을 분석해야 한다. 예를 들어 생산 과정에 어떤 원자재가 사용되었고 어디에서 왔는지, 생산과정에서 물, 환기, 난방 등은 어떠했는지, 상품이 어떻게 운송되었는지 등 제품의 전체 발자국을 파악해야 한다. 이런 관점에서 LCA가 제품의 환경 영향을 측정하기 위한 틀을 제공할 수 있다. LCA는 환경부하를 측정·평가하는 환경공학 기법의 하나로 생애주기

동안 제품과 관련된 환경영향을 파악하는 기술이다.

LCA는 제품 관리와 연구·개발(R&D)에 도움이 된다. 두 가지 다른 재료를 놓고 각각의 재료가 최종 제품을 통해 환경에 미치는 영향을 비교할 수 있기에 신제품 개발에서도 활용된다.

공급망 관리에서 LCA는 더 중요하다. 많은 산업에서 공급망은 환경 영향의 80% 이상을 차지한다. LCA는 공급되는 자원의 출처를 제공하게 함으로써 지금과 같은 기후위기 시대에 올바른 공급 업체를 선택하게 돕는다. 마케팅 및 영업에서도 유용하게 활용된다. 오늘날 소비자의 대다수가 기업이 환경을 개선하는 데 도움을 주어야 한다고 생각한다. LCA를 통한 제품의 지속가능성 설명은 소비자 인식에 부합하여 제품 우위로 이어질 수 있다.

LCA는 회사의 최고경영자(CEO) 혹은 최고지속가능성책임자 (CSO, Chief Sustainability Officer)를 포함한 경영진에게 환경에 더 긍정적인 영향을 미칠 방법에 관한 경영의 의사결정에 중요한 역할을 맡는다.

LCA에서 제품의 수명주기(Life-Cycle)는 원료 추출, 제조 및 가공, 운송, 사용 및 소매, 폐기물 처리의 5단계로 구성된다. 제품수명 주기에 대해서는 다양한 의견이 존재한다.[19]

LCA가 환경공학의 개념을 넘어서 세계경제에서 본격적으로 주목을 받은 건 21세기 들어서다. 2001년에 소니가 플레이스테이션Ⅱ 150만 대를 네덜란드에 수출했다가 세관 통과가 거절되면서 LCA가 국제경제의 뜨거운 이슈로 급부상하게 된다. 전 세계에서 인기를 끈 게임기기인 플레이스테이션Ⅱ의 컨트롤러와 본체 연결 케이블에서 네덜란드의 법적 허용치인 1kg당 100mg을 초과한 카드뮴 성분이 발견되어 네덜란드 세관이 전량 리콜을 명령한 사건이다. 소니는 이 사건으로 약 1억3000만 달러가 넘는 손해를 입었고 브랜드 이미지가 손상됐다. 소니 사건을 계기로 파나소닉 등 글로벌 전자제품 회사가 제품을 만들 때 카드뮴을 사용하지 않게 되었으니 파문이 컸다.

유럽연합(EU)은 상당히 선제적으로 1999년에 〔전기전자제품 내 유해화학물질 제한지침(RoHS, Directive on the restriction of the use of hazardous substances in electrical and electronic equipment)〕[20]을 제정해 시행하고 있었는데, 소니가 넋놓고 있다가 낭패를 당한 사례다. 이후 EU는 2006년 7월 납·수은·카드뮴 등 유해 중금속이 포함된 전자제품 판매를 전면 금지했다. 또 제조·유통업체에 폐가전제품 무료 수거 의무를 지우는 '전기전자제품 폐기지침(WEEE)'을 시행했다. LCA가 산업을 바꾼 예다.

4장 미주

1   마이클 샌델. (2012). 『돈으로 살 수 없는 것들』(안기순 역). 와이즈베리. (pp 33).

2   조민영. (2021년 2월 13일). "'달콤한 착취'…'네슬레·허쉬, 아동착취묵인' 美소송". 국민일보.

3   Joe Sandler Clarke. (2015, Sep. 2). "Child labour on Nestlé farms: chocolate giant's problems continue". The Guardian.

4   Antony Barnett. (2020, Mar. 2). "Dispatches: Starbucks and Nespresso: The Truth About Your Coffee". Dispatches.

5   한국환경산업기술원. "고태원". (2011). [환경표지제도에 대한 이해와 효율적인 운영 방향]. GGGP(해외녹색성장정책보고서) Special Issues 3(47). (pp 2).

6   한국통상정보학회. "박지은, 이양기 & 김영림". (2021). [TBT협정하의 탄소라벨링에 관한 충돌가능성 검토 −WTO 분쟁사례를 중심으로−]. 통상정보연구 23(2). (pp 159-178).

7   미국 국립해양대기청 '해양포유류 보호법 정책, 지침 및 규정'https://www.fisheries.noaa.gov/national/marine-mammal-protection/marine-mammal-protection-act-policies-guidance-and-regulations

8   NOAA수산(NOAA Fisheries) 홈페이지(fisheries.noaa.gov).(Frequent Questions: Dolphin-Safe). "2022년 2월 28일 확인"

9   The Tuna-Dolphin Controversy in the Eastern Pacific Ocean: Biological, Economic, and Political Impacts

    https://www.pacifictunaalliance.org/wp-content/uploads/2016/05/tuna-dolphin-controversy.pdf

10 The Origin Of The "Dolphin-Safe" Tuna Label https://www.forbes.com/sites/allenelizabeth/2021/04/28/the-origin-of-the-dolphin-safe-tuna-label/?sh=3ee98fc53c11

11 The Tuna-Dolphin Controversy in the Eastern Pacific Ocean: Biological, Economic, and Political Impacts

https://www.pacifictunaalliance.org/wp-content/uploads/2016/05/tuna-dolphin-controversy.pdf

12 Mexico etc versus US: 'tuna-dolphin'

https://www.wto.org/english/tratop_e/envir_e/edis04_e.htm

13 "3 TUNA FIRMS MOVE TO SAVE DOLPHINS", 워싱턴포스트, 1990년 4월 13일

14 미국 국립문서 기록관리청(National Archives and Records Administration) 홈페이지(ecfr.gov). (Title 50 Chapter II Subchapter C Part 216 Subpart H – Dolphin Safe Tuna Labeling). "2022년 2월 28일 확인"

15 The Origin Of The "Dolphin-Safe" Tuna Label https://www.forbes.com/sites/allenelizabeth/2021/04/28/the-origin-of-the-dolphin-safe-tuna-label/?sh=3ee98fc53c11

16 United States – Measures Concerning the Importation, Marketing and Sale of Tuna and Tuna Products from Mexico – Recourse to article 21.5 of the DSU by Mexico – Report of the Panel (2015.4.14)

https://docs.wto.org/dol2fe/Pages/SS/directdoc.aspx?filename=q:/WT/DS/381RW.pdf&Open=True

17 United States – Measures Concerning the Importation, Marketing and Sale of Tuna and Tuna Products

https://www.wto.org/english/tratop_e/dispu_e/cases_e/ds381_e.htm

18 박지은, 이양기, 김영림.(2021).TBT협정하의 탄소라벨링에 관한 충돌가능성 검토 -WTO 분쟁사례를 중심으로-.통상정보연구,23(2),159-178.

19 국제표준화기구(ISO) 홈페이지(iso.org)(ISO14040:2006). "2022년 2월 28일 확인"

20 RoHS(Directive on the restriction of the use of hazardous substances in electrical and electronic equipment · 1999년)는 유럽연합(EU)에서 제정한 전기 및 전자장비 내에 특정 유해물질 사용에 관한 제한 지침. 납, 수은, 카드뮴, 6가 크롬, PBB 및 PBDE(총 6종) 등 인체 유해 물질을 사용 제한하도록 한 지침. 유럽연합(EU)의 집행위원회 홈페이지(ec.europa.eu) "2022년 2월 28일 확인"

지평의 비극을
넘어서

'인류세' 혹은
호모 사피엔스 KFC 코카콜라의 '닭세'

인류세(人類世, Anthropocene)는 지구온난화와 기후위기 시대를 가장 극적으로 표현한 말이다. 인류를 뜻하는 'anthropos'와 시대를 뜻하는 'cene'의 합성어다. 전환, 혹은 재앙이라는 단어가 자주 사용되는 지금 시기를 표현하는 인기 용어다. 흥미로운 사실은 이 용어가 널리 사용되고 있지만 정확한 정의가 내려지지 않았다는 점이다.

모호한 정의와 달리 인류세에 관한 설명은 간단하다. 1995년 오존층 연구로 노벨화학상을 받은 네덜란드 출신의 대기화학자 폴 크뤼천(Paul Crutzen)이 2000년에 처음 제안한 용어로, 말하자면 21

세기 개념어다. 지질시대를 구분할 때 현존 교과서에 나오는 '신생대 제4기 충적세(沖積世)'라는 인간이 파악한 지질시대 최후의 시기이자 현재의 시기에 더하여 크뤼천은 '인류세'라는 지질시대를 새롭게 제안했다. 신생대 제4기의 홍적세(洪積世)에 이은 충적세가 이미 끝났고, 이어서 '인류세'라는 새로운 지질시대가 도래하고 있다는 의견이 담겼다.

　인류세란 용어에 '인류'가 들어간 것에서 짐작할 수 있듯이 인류세란 이 지질시대는 46억 년 지구 역사 최초로 인간이라는 특정한 생명종이 만든 지질시대다. 지질시대라는 과학적 구분을 인간이 했으니, 지질시대에 인간이 들어간 게 대수냐는 반응이 있을 수 있다. 그러나 인간이 지구를 관찰하여 변화의 분절을 파악한 뒤 이름을 붙이는 행위와 분절이 가능한 수준의 변화를 인간 스스로 만들어낸 것 사이에는 큰 차이가 있다. 인간이라는 생명종의 힘을 보여주는 용어인 인류세는 동시에 스스로가 가진 힘을 무분별하게 사용한 대가로 인간종이 마지막을 맞게 될 수 있다는 종말론을 내포한다. 2004년 8월 스웨덴 스톡홀름에서 열린 유로사이언스 포럼에 참가한 각 분야 과학자들이 인류세 이론을 지지했지만 이것이 지질학 이론이냐는 데에는 반론이 거셌다.

　이러한 난관은 인류세란 용어가 세상에 나올 때 이미 예상됐다. 인류세의 대표적 주창자로 꼽히는 크뤼천은 지질학자가 아니다.

인류세가 지질시대를 뜻하는 만큼 이 용어는 지질학자 또는 지층학자의 권위에 의해 확정되어야 했지만 크뤼천을 비롯하여 처음 이 개념을 주장한 이들은 그러한 학문적 권위를 갖지 못했다. 그럼에도 2016년 케이프타운에서 열린 세계 지질학대회의 결론은 "인류세를 지질학적 시대들에 포함해야 한다"였다.

논란은 끝나지 않았는데, '인류세 워킹그룹'의 검토를 받아들인 이 결론은 권고사항이었고 인류세를 공식적인 지질학적 시대로 인준한 것이 아니었다. 이 모든 논란은 인류세라는 용어가 과학보다는 정치에서 유래했기 때문으로 봐야 한다. 이 용어의 이면에는 지구상 최상위 포식자인 인간이라는 종의 자기반성과 나아가 규탄이 자리한다. 일각에서는 그러므로 인류세를 자기파괴적 용어로 받아들이기도 한다. 과학자 사이먼 루이스는 "자연의 힘: 우리의 인류세 시대"라는 〈가디언〉지 기고문에서 "인류가 지구라는 통합 체계에 근본적인 변화를 일으키고 있다는 주장에 동의하지 않는 과학자는 거의 없다"라고 말한다.[1]

인류세의 가장 큰 특징으로는 '자연환경 파괴와 환경오염'이 대표적으로 거론된다. 온실가스 배출로 인한 범지구적 위기는 사람들에게 인류세란 규정을 쉽게 수긍하게 만든다. 인류세의 표지 중에 가장 많이 거론된 것은 닭뼈다. 세월이 한참 흘러 20세기 이후 시기의 지층을 발굴하면 상상을 초월할 규모의 닭뼈 화석이 출토

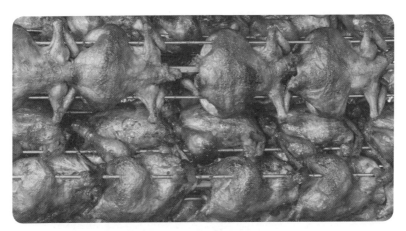

[그림 5-1] 우리가 먹어치운 닭들

될 것이란 농반진반의 예측이었다.

현생 인류인 호모 사피엔스 사피엔스가 먹어 치우는 닭의 양은 어마어마하다. 전 세계에서 인간 1인당 연간 평균 10마리에 가까운 닭을 소비한다. 인간이 먹고 버린 '켄터키 프라이드 치킨(KFC)'의 뼈가 긴 시간이 지나 화석으로 대거 출토될 테니 이것이 인류세의 증거가 될 것이라는 주장이 턱없는 것은 아니다. 닭뼈 말고 플라스틱, 알루미늄, 콘크리트 등이 인류세의 화석으로 출토될 것으로 예상되지만 닭뼈만큼 흔한 화석은 없을 것이다. 2016년 케이프타운 세계 지질학대회에서 '인류세 워킹그룹' 의장을 맡은 얀 잘라시에비치 영국 레스터 대학 교수는 인류에 의해 창조된 이런 물질의 화

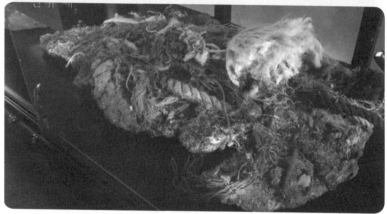

[그림 5-2] 기술화석 (출처: EBS제작 다큐멘터리 '인류세' 유튜브 영상)

석을 '기술화석(Technofossil)'이라고 정의했다.

KFC만큼은 아니겠지만 코카콜라 또한 기술화석의 형성에서 빼놓을 수 없는 이름이어서, 수백만 년 뒤에는 호모 사피엔스 사피엔스가 '호모 사피엔스 KFC 코카콜라'로 명명되고, 잠시 등장한 인류세 대신 '닭세'라는 지질시대를 사용하지 말란 법이 없어 보인다. 여기서 궁금증을 느끼는 건 후대의 이러한 가상의 명명자가 지금 인류세의 명명자와 같은 생명종일 가능성이 얼마나 될까다. 수백 년 뒤를 장담하지 못하는데 수백만 년 뒤를 상상했으니 부질 없는 짓일까.

인류가 환경에 가하는 영향은 주지하듯 지대하다. 대양에 대한민국 영토 16배의 거대한 플라스틱 섬이 떠다니고, 토양의 질소와 인 농도는 지난 세기에 갑절로 늘고, 핵발전과 핵무기 실험으로 만들어진 방사성핵종이 토양에서 검출되고, 동식물의 멸종이 인류의 간섭이 없었을 때보다 최소 100배 이상 늘고, 플라스틱과 알루미늄 폐기물, 즉 '기술화석'을 퇴적층에서 발견할 수 있는 시대가 도래했다. 지구 환경은 다른 생명체는 차치하고 인간조차 적응할 수 없는 속도로 악화하고 있다.[2]

다시 닭으로 돌아와서, 이 정도로 많은 닭을 식용으로 먹기 위해선 공장식 양계가 가능해야 했으며, 공장식 양계를 통한 대량생산과 기업식 유통, 상품화를 거친 대량소비는 자본주의 시스템, 그것도 글로벌하게 작동하는 자본주의 없이는 불가능했다고 할 때 인류세란 개념이 자본주의 생산과 소비, 문화와 이념 등 현 인류의 총괄적 삶의 체계를 확고하게 반영했다는 사실을 직시해야 하겠다. 그리하여 세계생태학연구네트워크(WERN) 조정관이자 미국 빙엄턴 대학 사회학과 교수인 제이슨 W 무어는 "인류세라는 개념이 자본주의로 인한 문제의 책임을 인류 전체로 돌린 부르주아적인 구습을 강화하는 것은 아닐지 우려가 크다"라는 입장에서 인류세 대신 '자본세'라는 명명법을 주장한다.

인류세에 다소 자학적인 뉘앙스가 담긴 것이 사실이라고 할 때 '자본세'란 용어는 분명 죄책감을 어느 정도 덜어주긴 한다. 지금 우리가 마주한 기후위기 시대의 본질을 잘 파악한 용어이기도 하다. 한데 자본세란 말로는 더는 지질학 용어로 사용할 수 없다는 게 난점이다. 자본세는 전면적인 정치적 명명법이다. 하긴 인류세 또한 지질학을 빙자한 정치적 명명인만큼 인류세로 쓰나 자본세로 쓰나 내용이 다르지는 않다. 무어가 지적한 대로 죄책감을 약간이라도 덜 수 있다는 비겁에 대한 반성 때문인지 자본세는 호응을 얻지 못했고 인류세가 지질시대로든 인간 역사로든 대세가 된 듯하다.

인류세라는 명명법의 제안은 20세기가 끝나는 시점에 이루어졌고 이것이 21세기 개념어이긴 하지만 현실 적합성을 떠나서 인류세란 말을 사용하고자 한다면 대략적인 출발점은 정해야 한다. 크뤼첸은 인류세의 시작을 1784년 제임스 와트의 증기기관 발명으로 대표되는 열기관 산업혁명이 발생한 18세기 말로 잡았다. 그때 이

[표 5-1] 인류세의 시작

대(Era/代)	기(Priod/紀)	세(Epoch/世)	시대(Age/時代)	시기
신생대	제4기	인류세	–	1950년 전
		홀로세	–	1만 1700년 전
		플라이스토세	타란티안	12만 6000년 전
			이오니안	78만 1000년 전
			칼라브리안	180만 6000년 전
			젤라시안	258만 8000년 전
	신제3기			2300만 년 전
	고제3기			6600만 년 전
중생대				2억5200만 년 전
고생대				5억4100만 년 전

(출처: 2016 인류세 워킹그룹)

후 현재까지 지구 전체에 메탄과 이산화탄소의 함량이 눈에 띄게 증가했다. 온실가스와 지구온난화를 설명할 때 산업혁명으로 인한 온실가스 급증으로 지구 표면의 평균온도가 산업혁명 이후 약 100여 년에 0.85℃ 올랐다는 통계를 흔히 인용하는데, 크뤼첸의 인류세 역시 이러한 견해와 같은 맥락에 위치한다.

생태계의 결정적인 변화와 생물 다양성의 상실을 근거로 인류세 시점을 1950년대로 잡으려는 입장이 있다. 그러나 인류세 시점이 언제냐는 논의는 큰 의미가 없다. 하나의 지질시대라는 것이, 명백히 구분되는 특정 연도에 출발한다기보다는 변화가 점진적으로 이어지다가 뚜렷이 표출하기 때문이다. 동시에 앞서 지적했듯 인류세라는 시기 구분이 과학보다는 정치에 힘입은 바가 크다고 할 때 특정 연도에서 시작을 찾으려는 시도는 덧없다고 하겠다.

반면 과학이 아니라 정치라는 이야기에서 인류세는 개념의 유희가 아니라 엄혹한 현실이란 뜻이 된다. 현실과 정치가 연결되면 더 극명하게 입장 차이가 드러난다. 이미 살펴본 대로 인류세가 엄연히 자기반성의 용어임에도 '좋은' 인류세라는 재래의 근대성 해법을 들고나오는 이들이 존재한다. '좋은 인류세'란 모순어법을 군이 감수하는 이들은 기후위기의 심각성을 십분 받아들이지만, 근대 이래 인류가 그랬듯 인간은 이 위기 또한 극복하여 운명과 삶의 조건을 개선하는 기회로 삼을 수 있다고 장담한다. 결국 우리는 길을 찾아낼 것이란 긍정의 신화가 '좋은 인류세'의 본질이다.

그런 인류세가 과연 가능할까. 비록 형용모순이라 할지라도 '좋은 인류세'를 바란다. 그러므로 진실을 끝까지 파고들지 않는다면 좋은 인류세는 아예 꿈도 꾸지 못한다는 사실을 받아들여야 한다. 진실을 파고들면 무엇을 알게 될까. 아마 좋은 인류세는 원천적으로 불가능하며 이 원천적 불가능이 인류의 새로운 출발점이어야 한다는 정도가 아닐까.

기업에 사회적 책임을 묻다

인류세는 반성의 용어이긴 하지만, 대안이나 해법을 포함하진 않았다. '인류세'는 문제제기다. 호모 사피엔스 사피엔스라는 생명 종이 산업혁명이란 걸 시작하고 수백 년이 지나지 않아 이렇게 심각한 문제를 일으키며 생태계를 훼손하고 지구를 망쳤다는 전면적이고 총체적인 문제제기. 문제제기는 이 용어의 등장 이전에도 있었다. '침묵의 봄' '성장의 한계' '가이아이론' 등 다양한 관점과 방식으로 지속해서 제기되었지만, '인류세'처럼 정곡을 찌른 문제제기는 없었다.

대신 답안은 계속해서 제출되었다. 외부효과처럼 기업이 저지른 대표적 잘못을 어떻게 정정할 것인가에 대한 답이 기업의 사회적 책임(CSR)이다. 20세기 후반부터 지금까지 널리 쓰이는 단어이고 최근 내용상 같은 주제인 ESG에 인용 빈도에서 밀리곤 있지만, 기업이 '인류세'를 어떻게 책임을 질 것인가, 기후위기를 극복하기 위한 기업의 노력은 무엇인가에 관한 논의는 더없이 활발하다.

인류세와 마찬가지로 CSR에 관해 누구나 동의할 수 있는 정의는 여전히 존재하지 않는다. CSR을 구성하는 '기업', '사회', '책임'이 사실상 모두 거대 담론이어서 개별 용어마다 해석과 입장의 차이가 크다.

학문적으로는 CSR에 관한 논의가 하워드 보웬(Howard R. Bowen)이라는 미국 학자에 의해 본격적인 시작되었다는 게 정설이다. 보웬은 그의 저서 〈기업인의 사회적 책임(Social Responsibilities of the Businessman)〉(1953년)에서 "기업인은 사회의 목표와 가치에 비추어 바람직한 방향으로, (기업의) 정책을 추진하고 의사결정하고 행동할 의무가 있다"고 주장했다.

물론 보웬 이전에 CSR에 관한 논의는 존재했다. 기업이란 조직이 어떤 사회적 책임을 지녀야 하는가 하는 문제는 기업의 본질과 관련되기에 CSR 논의는 길게는 기업의 탄생 시점부터 존재했다고 추정할 수 있다. 〈국부론〉(1776년)에 등장한 아담 스미스의 '보이지 않는 손'은 후대의 상상력이 계속 덧칠해지면서 경제 주체의 개별적인 사익추구가 사회 전체로서 공익을 구현하게 된다는 시장 중심주의 세계관을 대표하게 된다.[3] CSR에 대한 스미스의 관점은, 당시가 CSR이란 개념 자체가 없던 시기임을 감안하며 해석하면, 기업의 책임을 경제적 책임에 국한한 것으로 볼 수 있다.

CSR과 관련해 그 시대에서 주목할 만한 인물은 감리교 창시자인 목사 존 웨슬리다. 웨슬리는 〈국부론〉 발간보다 살짝 이른 시점에 3장에서 살펴보았듯 '돈의 사용법(The Use of Money, 1760년)'이라는 제목으로 설교하면서 사회책임투자(SRI)뿐 아니라 CSR의 원형 비슷한 것을 제시했다. "생명이나 건강 혹은 정신을 해치는 방법을 통해 돈을 얻어서는 안 된다. … 사악한 거래 행위에 참여해서는 안 된다. … 또한 이웃의 재산이나, 이웃의 신체, 그들의 영혼을 해쳐서도 안 된다"[4]는 그의 주장은 CSR의 정수를 소박하게 말했다고 볼 수 있다.

카를 마르크스는 받아들이기에 따라 CSR의 근본주의자라고 할 수 있다. 자본의 물신성과 자본가의 탐욕을 경고하면서 '거시' 수준에서 CSR을 거론했다고 볼 수도 있다. 다만 그의 관심사가 자본과 자본가을 넘어 직접적으로 기업을 겨냥했다고 보기는 어렵다. 그럼에도 마르크스의 〈자본론〉(1867년)을 노동 문제에 국한해서 해독해도 노동시간, 작업장 환경, 차별금지, 아동노동 금지 등 현재 노동 분야 CSR 이슈를 얼마든지 찾아낼 수 있다.[5] 특히 10장 '노동일'은 자본주의 발전 초기의 노동시간, 노동환경, 노사갈등 등에 관해 사실적으로 묘사하고 있는데, 아동노동 사용에 대한 마르크스의 비판이 매우 날카롭다. 아동노동 사용 금지를 명시한 현재의 CSR 논의와 근본 방향이 같다.

'철강왕' 앤드류 카네기의 '신탁윤리(trusteeship)'는 기업가의 사회책임을 겨냥한다. 그는 〈부의 복음(Gospel of Wealth)〉(1889년)이란 글에서 "부자는 단지 신으로부터 재산에 대한 관리 책임만을 맡았고 … 돈을 사회를 개선하고 세계 평화를 증진하는 데 사용해야 한다"고 말했다. 부자를 신탁인(trustee)이자 대리인(agent)로 파악했고, 열심히 노력해서 번 돈을 가난한 사람들을 위해 사용해야 한다고 본 카네기의 관점은 반대 진영에 선 마르크스의 관점과 일견 크게 상충하지 않는다. 당연히 두 사람 사이에는 넘어설 수 없는 간극이 있다. 마르크스는 자본가를 무한한 탐욕추구에서 벗어날 수 없는 존재이자 그 과정과 결과에서 몰락하는 존재로 그렸지만, 카네기는 탐욕에서 탈출해 인간다운 존엄성을 추구할 수 있는 존재로 받아들였다. 두 사람 모두 기업의 사회책임이 아닌 자본가의 사회책임에 집중한 게 공통점이다.

존슨앤존슨은 1943년 윤리강령격인 '기업책임강령(Credo of Corporate Responsibility)'을 채택해 비록 '사회적'이란 단어를 빠뜨리긴 했지만 현대적 의미에 근접한 기업의 (사회)책임 관점을 보여주었다.

현대적인 형태의 기업을 주체 혹은 대상으로 하는 기업의 사회적 책임 논의는 전술한 대로 보웬의 〈기업인의 사회적 책임〉을 출발점으로 하는 게 타당해 보인다. 특히 이 책이 출간된 1953년에 "이윤에 직접 기여하지 않는" 기업의 자선 행위를 합법화한 미국 뉴저지 대법원의 결정(A. P. Smith Manufacturing Co. vs. Barlow, et al., 1953년)이 내려졌다는 사실에 주목할 필요가 있다. 이 소송 건은 스미스 사(社)가 프린스턴 대학에 1500달러를 기부하자 "주주에게 직접적 혜택이 오지 않는 지출"을 몇몇 주주가 문제삼으며 성립했다. 법원은 "이제 부가 기업의 손에 전가되고 … 따라서 기업은 인간 개개인이 하던 방식과 마찬가지로 하나의 시민으로서 역할을 이행해야 한다"라고 판결했다. 재판부는 나아가 "회사는 지역사회의 일원으로서 개인적 책임 이외에 사회적 책임도 인식하고 이를 이행해야 한다"고 판시했다.[6]

CSR의 중요 영역인 기업의 사회공헌 활동을 합법화한 데 이 판결의 의의가 있다. 그 이전까지 기업의 자선적 지출에 대해 이윤창출에 기여하는가, 즉 "주주에게 직접적 혜택(direct benefit)"이 되는지를 잣대로 삼아 가능케 한 오랜 관행이 무너진 것이다. 더불어 판결에서 기업과 관련하여 '시민'이란 표현을 사용한 데 주목할 필요가 있다. 사회공헌 이상의 CSR은 그 개념이 정립되고 기업과 사회에 수용되기까지 그 후 많은 토론을 거쳐야 했다. 시대상황과 경영여건, 학자들의 철학에 따라 CSR이 이후 다양하게 정의되고 기업 현장에 다양한 형태로 수용되었지만, '기업시민'이 CSR의 핵심을 꿰뚫은 개념이라는 데에 이견은 없다.

기업시민

가장 중요한 경영학자라 할 피터 드러커는 기업이 이익만 추구하는 조직이 아니며 기업의 행위는 개인의 행위와 마찬가지로 윤리적 기준에 의해 평가된다고 주장했다. 즉 기업은 자기의 행동에 대하여 법적·도덕적으로 책임을 져야 하며, '건전한 기업시민'이어야 한다고 말했다.

"기업은 인간 개개인이 하던 방식과 마찬가지로 하나의 시민으로서 역할을 이행해야 한다"는 미국 뉴저지 대법원의 결정은, 드러커의 관점과 마찬가지로 기업을 사회 내 하나의 인격체로 간주한다. 개인과 동일하게 기업 또한 시민이다.

'기업시민(Corporate Citizen)'이란 말은 이제 경제·산업계에서 일상적으로 쓰이고 있다. '기업시민(Corporate Citizen)'이란 용어는 '기업책임(Corporate Responsibility)'에 비해 기업이 사회에 대한 소속감과 자발성에 근거해 더 포괄적이고 더 긍정적이며 적극적인 반응을 내어놓을 것이란 기대를 담았다. 반대로 시민이란 용어는 '책임'에 비해, 특히 기업과 관련하여 훨씬 더 모호하기에 기업이나 기업을 바라보는 사회 모두가 기업시민과 관련한 활동을 정의하고 실행케 하는 데 어려움을 겪을 수 있다.

[그림 5–3] 기업시민을 표방한 포스코의 로고

지속가능발전과 CSR

 CSR은, 저명한 CSR 연구자인 아치 캐롤에 따르면, 경제적·법률적·윤리적·자유의지적(자선적) 책임을 모두 포함한다. 이른바 '캐롤의 CSR 피라미드'에서 설명하는 사회책임의 위계로 CSR의 기반 책임으로 경제적 책임을 제시했다. 캐롤을 나중에 자유의지적(자선적) 책임을 '기업시민' 책임이라고도 했다. 드러커도 기업의 1차적 사회책임은 기업이 미래의 비용을 감당할 만한 충분한 이익을 내는 것이라고 했고 이후 추가적인 사회책임을 거론했다.
 기업의 사회책임과 관련하여 부딪히는 어려움 가운데 하나는 CSR 개념 자체가 모호성을 지닌 데다 지속가능경영 등 여타 용

자선적(재량적) 책임 = 기업시민 책임
Philanthropic (Discretionary) Responsibilities

윤리적 책임
Ethical Responsibilities

법적 책임
Legal Responsibilities

경제적 책임
Economic Responsibilities

[그림 5-4] 캐롤의 CSR 피라미드

어가 혼용되는 상황이다. CSR 외에 그 연장선에서 사회책임경영
이란 말이 쓰이고, 지속가능경영·이해관계자경영·윤리경영에 이
어 포괄적으로 기업시민(경영)이란 용어까지 섞여서 활용되고 있
다. 기업이 사회에 대해 지는 책임의 관점과 달리 기업경영의 관점
에서 지속가능성 개념을 받아들여 탄생한 것이 지속가능경영이며
CSR과 지속가능경영은 본질에서 문제의식과 지향이 같다고 볼 수
있다.

현대사회에서 지구촌 전체를 통틀어 가장 보편적인 의제인 '지
속가능'의 문제, 정확하게 지속가능한 발전(Sustainable Development)

의 개념이 정의된 건 1987년 유엔의 보고서 〈우리 공동의 미래(Our Common Future)〉를 통해서다. '지속가능한 발전'이란 개념의 정의가 공식화한 건 1980년대 후반이지만 문제의식은 이미 그 이전에 나타났다.

앞서 살펴본 대로 영국의 토마스 맬서스가 지속가능의 문제를 고민한 대표적 선구자라고 할 수 있다. '기하급수 대 산술급수'란 말로 요약되는 인구와 식량의 비대칭 문제는 지속가능의 관점을 분명 앞서 취한 것이지만 지배계급의 이해에 기반을 둔 생각이기에 외눈박이 지속가능인 셈이다. 현 세대 내의 문제에는 눈감고, 현 세대와 미래세대 간의 문제를 가장 원초적인 시장 해법으로 설명했다는 비판에서 자유로울 수 없다.

맬서스의 〈인구론〉(1798년)이 출간되고 200년 가까운 시간이 흐른 뒤 로마클럽은 〈성장의 한계〉(1972년)라는 보고서를 냈다. 1950~1960년대에 미국 등 서구에서 유례없는 성장기를 거치면서 서구문명을 중심으로 인류가 갖게 된 자신감은 1970년대 들어 위축된다. 베트남 전쟁의 와중인 1968년의 68혁명과 1971년 미국의 금본위제 포기가 상징하듯 인류문명의 자기제어 능력은 시험대에 오른다. 〈성장의 한계〉에서 명기하지는 않았지만 이후 시험대에 오른 인류문명의 자기제어 능력의 핵심은 지구온난화 문제로 집약된다.

〈성장의 한계〉는 지구온난화 대처가 지구촌의 핵심의제로 부상하기 전에, 성장과 관련된 기존 문제를 종합한 인류의 자기반성문이라고 할 수 있다. 〈성장의 한계〉는 인구·공업생산·식량·자원·환경오염 등 5가지 영역에 걸쳐 비관적인 전망, 즉 지속가능의 부재를 예상한다. 〈성장의 한계〉가 발표될 때까지만 해도 환경오염은 5가지 의제의 하나였으나, 이후 환경오염은 독자적이고 지구촌에서 가장 중요한 의제로 격상된다. 지구온난화와 결부되어서다.

레이첼 카슨의 기념비적 저서 〈침묵의 봄〉(1962년)은 지구온난화 문제를 직접 다루지 않았지만 환경오염에 관한 인식을 제고하는 데 크게 기여했다. 이 책에서 말한 "침묵의 봄(Silent Spring)"은 환경오염으로 새들이 울지 않는, 즉 새들이 죽어버린 암울한 세계다. 〈성장의 한계〉 10년 전에 나온 〈침묵의 봄〉은 지속가능발전이란 의제 또는 그 문제의식을 예민한 방식으로 제안한 중요한 저작이다.

지속가능발전 개념의 최초 사용자는 '환경과 개발을 위한 국제연구소(IIED)' 설립자인 영국의 경제학자 바바라 워드라는 게 정설이다. 1972년 6월 스웨덴 스톡홀름에서 열린 유엔 인간환경 회의(UNCHE) 연설에서 워드는 "더 안전하고 지속가능한 미래를 만들기 위한 환경과 개발에 관한 새롭고 공평한 파트너십"*을 역설

---

* New And Equitable Environment And Development Partnership To Build A More Secure And Sustainable Future.

했다. 이 회의에 맞춰 출간한 책 〈오직 하나인 지구(Only One Earth: The Care and Maintenance of a Small Planet)〉에서 "인간 종이 지금뿐 아니라 미래세대에서 지구를 살기에 적합한 곳으로 유지하려면 무엇을 해야 하는지 분명히 정의할 필요가 있다"*고 한 문장은 지속가능성의 개념을 가장 먼저 명료하게 정립한 것으로 평가받는다.

공식적인 지속가능성의 정의는 1987년에 내려진다. 유엔 '세계 환경발전 위원회(The World Commission on Environment and Development)'에서 발표한 〈우리 공동의 미래〉는 보고서 작성 책임자인 전 노르웨이 수상 그로할렘 브룬틀란을 따서 〈브룬틀란(Brundtland) 보고서〉라고도 하는데, '지속가능'에 관한 전 세계적 합의를 최초로 도출했다.

"지속가능한 발전은 미래세대의 욕구를 충족시킬 수 있는 능력을 위태롭게 하지 않고 현 세대의 욕구를 충족시키는 발전을 의미한다. 두 가지 핵심적인 개념이 여기에 포함되어 있다. 욕구의 개념, 특히 세계의 가난한 사람들의 필수적인 욕구. 여기에 일차적인 우선권이 부여되어야 한다. 기술과 사회조직의 상태가 현재와 미래의 욕구를 충족시킬 수 있는 환경의 능력에 미치는 한계의 개념."[7]

---

* Clearly To Define What Should Be Done To Maintain The Earth As A Place Suitable For Human Life Not Only Now, But Also For Future Generations.

〈우리 공동의 미래〉 발표 2년 뒤인 1989년, 지속가능발전 개념을 세계적으로 더욱 확산시킨 계기가 된 사건이 발생했다. 1989년 3월 24일 알래스카 프린스 윌리엄 해협에서 유조선 '엑슨 밸디즈(Exxon Valdez)'가 좌초해 바다로 기름을 대규모로 유출하는 끔찍한 해양오염 사태가 터지면서 세계적으로 환경문제에 관한 경각심이 일깨워진다. 지속가능발전이 다시금 주목받는 계기가 된 것은 물론 중요한 변화가 일어났다.

미국은 자국 영해에서 심각한 해양오염 사고의 재발을 막기 위해 그동안 단일선체 구조였던 유조선을 이중선체구조(Double Hull Structure)로 바꾸는 것을 주요 내용으로 한 〔석유오염 방지법(OPA-90, Oil Polution Act of 1990)〕을 1990년에 제정했다. 이후 이 내용은 마폴(MARPOL)이라고 하는 국제해사기구(IMO)의 〔선박으로 인

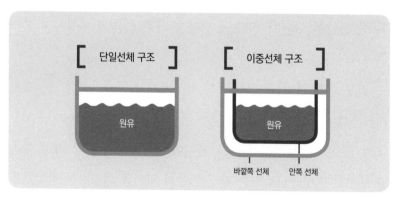

[그림 5-5] 단일선체 구조 유조선과 이중선체 구조 유조선

한 해양 오염 방지를 위한 국제협약(International Convention for the Prevention of Marine Pollution from Ships)]에 반영되어 2015년 이중선체가 아닌 유조선의 운항이 전면 금지됐다.

이 사건을 계기로 세리즈 원칙(CERES Principles)이라고도 하는 '밸디즈 원칙(Valdez Principles)'이 생긴다. 사고 이후 미국의 유력한 환경단체 '환경에 책임지는 경제를 위한 연합(CERES, Coalition for Environmentally Responsible Economies)'이 기업이 지켜야 할 환경윤리 기준을 정하여 발표했는데, 이것이 '밸디즈 원칙'이다. 이 원칙은, 기업은 자신의 활동으로 인해 생기는 어떤 재해에 대해서도 책임을 지고, 원상회복을 위해 노력해야 한다고 규정했다. 또한 철저한 정보의 공개, 에너지 이용효율의 향상, 폐기물의 감축, 환경상 및 안전상의 위험 경감 등의 내용을 담았다.

1987년 유엔의 〈우리 공동의 미래〉 발표, 1989년 '엑슨 밸디즈' 호 침몰 사건의 후폭풍이 지구온난화에 관한 선각자들의 문제제기와 한 물결로 합쳐져 1992년 브라질 리우데자네이루에서 유엔의 환경회의가 열리고 협약이 체결된다.

[리우 환경 협약]은 인류 문명 차원에서 지구온난화에 공동으로 대처하겠다는 합의를 끌어냈다는 데 큰 의의가 있다. 1997년엔 행동계획으로 〈교토의정서〉가 체결된다. 〈교토의정서〉의 가장 주목할 부분은 지구온난화라는 지구 공동의 위기를 해결하는 방법으로

배출권거래(ET, Emissions Trading) 제도를 도입한 것이다. 자본주의가 초래한 지구 공동의 위기를 거래라는 자본주의 방식으로 해결하겠다는 취지다.

2010년에는 국제표준화기구(ISO)에서 [사회책임에 관한 국제 가이드라인], 즉 [ISO26000]을 발효한다. [ISO26000]에서는 '사회책임'이 '지속가능'을 대체하지만, 〈교토의정서〉와 마찬가지로 지구촌 차원에서 인류 공동의 위기에 대한 인류 공동의 해법을 제안했다는 데에 큰 의미가 있다.

[그림 5-6] 리우+20 로고

지속가능경영과 사회책임경영

　용어 자체로 보아 지속가능경영은 지속가능발전의 개념을 기업
경영에 접목했다고 보는 게 타당하다. 지속가능발전이 인류 공동
의 위기에 대한 세계시민의 단일 대오, 단일 대처를 강조하고 있는
만큼 지속가능경영은 세계화한 시대의 기업시민이란 자각을 기업
에 요구한다고 할 수 있다. 지속가능경영은 환경(Ecology) 책임의
자각에서 시작해 기업의 본령이라 할 경제(Economy) 책임, 기업 본
령의 책임을 밖으로 확장한 사회적 평등(Equity) 책임, 즉 3E를 아
우르게 된다. 지속가능성이란 말에 내포된 장기(長期)주의와 사회
적 평등에 들어있는 균형이란 개념은 기업경영에 적용되면서 적잖

은 아이디어의 원천이 된다.

그러나 기업의 사회적 책임(CSR)에 비해 지속가능경영이 더 포괄적 해석과 다양한 의미부여가 가능해 지속가능경영이 상대적으로 더 자의적으로 수용될 가능성 또한 크다. 지속가능경영은 결국 경제·환경·사회의 3개 부문의 성과를 두루 고려하는 경영철학으로 간주된다.

이제 기업은 좋은 품질의 제품을 만들어 잘 파는 것 이상을 경영의 현안으로 받아들여야 한다는 현실에 직면하는데, 그것을 경제적 성과만 신경쓰던 것에서 경제·환경·사회의 3개 부문의 성과를 두루 고려하게 됐다고 말할 수도, 주주 이외에 더 많은 이해관계자를 기업경영에 고려하게 됐다고 말할 수도 있다. 지금은 어떤 기업도 이해관계자로부터 자유롭지 않다. 이해관계자(Stakeholder)는 기업의 경영활동에 영향을 미치는 조직이나 단체, 개인을 말한다. 나아가 적극적으로 기업의 경영활동으로부터 영향을받는 조직이나 단체, 개인까지 이해관계자로 본다. 기업의 핵심 이해관계자로는 주주, 노동자, 소비자를 든다. 정부, 언론, 시민사회, 지역사회 등도 이해관계자라고 한다. 이해관계자경영은 사회책임경영을 내용측면에서 표현한 용어다.

CSR을 설명하는 대표적인 두 용어가 사회책임경영과 지속가능경영이다. 사회책임경영이 이해관계자경영으로 환원될 수 있다면 지속가능경영은 트리플버틈라인(TBL)경영으로 불러도 무방하다. 지속가능경영은 설명했듯 지속가능발전의 틀을 경영에 접목한 것이다. 지속가능발전이든 지속가능경영이든 지구온난화와 기후위기, 환경오염에 대한 걱정을 바탕에 깔고 있다. 따라서 지속가능경영의 한 축은 당연히 환경경영이고 환경성과를 중요하게 생각할 수밖에 없다. 여기에 인권·노동권 등 사회 부문의 책임까지 기업이 포괄하면서 기업의 비재무성과 개념이 완성되고 이것을 재무성과(전통적 의미의 경제적 성과)와 합쳐서 경제·환경·사회 성과를 종합한 트리플버틈라인(TBL, Triple-Bottom Line)이 탄생한다.

TBL은 지속가능경영의 선구자라고 할 존 엘킹턴이 제시한 개념으로, 3P 즉 이익(Profit), 사람(People), 지구(Planet)란 키워드로 설명될 수 있다. TBL에서 짐작할 수 있듯 지속가능경영은 성과중심적인 표현이고 이해관계자를 앞세우는 사회책임경영은 절차나 과정 측면의 접근이다. 같은 내용을 다른 방식으로 설명했다고 볼 수 있고 같은 듯하지만, 따지고 들면 서로 다르다.

[표 5-2] CSR을 설명하는 방법론

내용	트리플버틈라인(TBL)경영	이해관계자경영
지향	지속가능경영	사회책임경영
접근방법	성과, 결과	과정, 절차

단기 수익과 장기 수익 간에 균형과 조화를 추구하는 입장은 지속가능경영의 핵심 개념이다. 다른 말로 TBL은 환경적이고 사회적인 기업의 위험을 잘 관리하지 못해서 경제적 성과를 갉아먹어서는 안 된다는 발상일 수 있다. 장기와 단기를 동시에 보면서 경제성과를 극대화할 수 있도록 다양한 위험(리스크)에 사전적으로 대처한다는 태도를 단순화하면 리스크관리다.

이러한 맥락에서 지속가능경영은 절차와 과정, 이해관계자를 경영의 중심에 놓는 사회책임경영과 차별된다. 사회책임경영은 관점의 변경을 의미하며, 기업철학의 전환을 도모한 것이다. 이익과 철학의 병치는 단기 이익과 장기 이익의 병치와 같은 개념일 수 없다.

단순화의 위험을 무릅쓰면 이러한 상이한 배경 때문에 지속가능경영은 미국적인 가치, 사회책임경영은 유럽적인 가치와 연결된다. 두 가지 모두 ESG경영으로 수렴된다. ESG경영에는 장기적이란 수식어를 달고 있긴 하지만 이처럼 이익의 관점, 즉 ESG를 하면 기업에 이익이 된다는 생각과 기업에 관한 기존의 생각을 가능하면 많이 바꿔보자는, 즉 세계관의 변화가 필요하다는 생각이 공존한다. 두 가지 생각이 사실 모두 필요하다.

지구 차원의 해법이 필요하다

'성장의 한계'나 '지속가능발전'은 지구 차원의 문제제기다. 기업의 사회적책임(CSR)이나 지속가능경영은 기업 차원의 해법이다. 문제의 대부분이 기업을 중심으로 한 시장에서 일어났지만, 문제는 시장을 넘어 지구 전체로 확산하여 작동하게 된다. 세계화는 국경이란 한계를 불편해하고 끊임없이 넘어서려고 한 일국 내의 기업과, 기업과 별개로 시장 혹은 자본이 국경을 무력화한 글로벌 현상이었다. 시장이 주도하는 세계화로는 지속가능한 우리 인류 공동의 미래를 기약할 수 없다. 이러한 문제의식은 오래 전부터 있었지만, 문제가 걷잡지 못할 정도로 심각해지기 전까지는 구체적인 대응으로 연결되지 못했다.

유엔이 1987년에 〈우리 공동의 미래〉를 발표한 것이나, 유럽 국가를 중심으로 1997년에 〈교토의정서〉를 체결한 것이 이전에 목격하지 못한, 지구촌 차원에서 이루어진 공동의 문제 해결 노력이다.

UNGC(유엔 글로벌콤팩트) 또한 공동의 문제 해결 노력을 표방한 글로벌 네트워크다. 실질적으로 문제 해결에 어느 정도 기여하고 있는지에는 약간의 물음표가 붙지만, 규모로는 지구 전역을 포괄하는 거대 네트워크다. UNGC는 전 세계 162개국 1만8000여 회원(1만여 기업회원 포함)이 참여하는 자발적 기업시민 이니셔티브다. 1999년 코피 아난 당시 유엔 사무총장의 제안으로 2000년 7월에 설립되었다. 사회적 합리성에 기반한 지속가능하고 통합적인 세계 경제를 실현하는 것을 목적으로 했다.

인권, 노동, 환경, 반부패 4개 분야 10대 원칙을 기업의 운영과 경영전략에 내재화하여 지속가능성과 기업시민 의식 향상에 동참하도록 권장한다. UNGC의 10대 원칙은 세계인권선언(1948년), 노동에서의 권리와 기본 원칙에 관한 국제노동기구(ILO) 선언(1998년), 환경과 개발에 관한 리우선언(1992년), 유엔 부패 방지협약(2003년)에서 유래했다. UNGC 한국협회는 2007년 9월에 설립되었으며 기업, 시민, 학계 등이 참여하고 있다.

UNGC 10대 원칙 [8]

1. 기업은 국제적으로 선언된 인권 보호를 지지하고 존중해야 하고,
2. 기업은 인권 침해에 연루되지 않도록 적극 노력한다.

3. 기업은 결사의 자유와 단체교섭권의 실질적인 인정을 지지하고,
4. 모든 형태의 강제노동을 배제하며,
5. 아동노동을 효율적으로 철폐하고,
6. 고용 및 업무에서 차별을 철폐한다.

7. 기업은 환경문제에 대한 예방적 접근을 지지하고,
8. 환경적 책임을 증진하는 조치를 수행하며,
9. 환경친화적 기술의 개발과 확산을 촉진한다.

10. 기업은 부당 취득 및 뇌물 등을 포함하는 모든 형태의 부패에 반대한다.

기업 밖으로, 세계로, 책임의 주체와 이행범위를 확장한 ISO26000

ISO26000은 국제표준화기구(ISO, International Organization for Standardization)의 사회적 책임에 관한 지침이다. 정식명칭은 "Guidance on Social Responsibility"로 ISO의 다른 규격과 달리 국제표준을 표방하지 않았다. 즉 일종의 조언(Guidance)이지만 실질적 표준이기도 하다. 세계 76개 참가국의 정부, 산업계, 노동계, 소비자, NGO 등 다양한 이해관계자가 참가한 사회책임 실무그룹(ISO26000 Working Group on Social responsibility)이 5년에 걸쳐 개발한 이 지침은 조직 지배구조, 인권, 노동 관행, 환경, 공정운영 관행, 소비자 이슈, 지역사회 참여 및 발전의 7대 핵심주제를 제시한다.

ESG와 관련된 ISO의 다른 표준에는 환경경영시스템에 관한 ISO14001, 컴플라이언스(준법) 경영시스템에 관한 ISO19600, 부패방지 경영시스템에 관한 ISO37001이 있다.

2010년 11월 공포된 ISO26000의 의의는 체계를 갖춘 CSR의 국제기준을 제시했다는 데에서 찾아진다. 그러나 동시에 사회책임의 주체를 기업에서 정부, NGO 등 현존하는 많은 형태의 조직으로 확대한 데에 더 큰 의의가 발견된다. 즉 CSR(Corporate Social Responsibility)이 SR(Social Responsibility)로 발전한다.

ISO26000은 기업의 사회책임에 관한 국제표준이 아니라 기업을 포함한 모든 조직의 사회책임에 관한 국제표준이란 뜻이다. 지속가능성에 관한 평가 기준, 가이드라인, 인증, 표준 등 많은 규

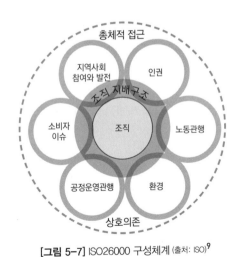

[그림 5-7] ISO26000 구성체계 (출처: ISO)[9]

ISO26000 핵심주제(7)와 쟁점(37)

핵심주제	쟁점
6.2 조직 거버넌스	
6.3 인권	1. 실사
	2. 인권 위험 상황
	3. 공포 회피
	4. 고충 처리
	5. 처벌과 취약 그룹
	6. 시민권과 정치적 권리
	7. 경제, 사회 및 문화적 권리
	8. 근로에서의 근본 원칙과 권리
6.4 노동관행	1. 고용과 고용관계
	2. 근로조건과 사회적 보호
	3. 사회적 대화
	4. 근로에서의 보건과 안전
	5. 직장에서의 인간 개발과 훈련
6.5 환경	1. 오염 방지
	2. 지속가능한 자원 이용
	3. 기후변화 완화와 적용
	4. 환경보호, 생물의 다양성 및 자연서식지 복원

핵심주제	쟁점
6.6 공정운영 관행	1. 반부패
	2. 책임 있는 정치 참여
	3. 공정 경쟁
	4. 가치사슬 내에서의 사회적 책임 촉진
	5. 재산권 존중
6.7 소비자 이슈	1. 공정마케팅, 사실적이고 편파적이지 않은 정보, 공정계약관행
	2. 소비자의 보건과 안전 보호
	3. 지속가능 소비
	4. 소비자 서비스, 지원, 불만과 분쟁 해결
	5. 소비자 데이터 보호와 프라이버시
	6. 필수 서비스에 대한 접근
	7. 교육과 인식
6.8 지역사회의 참여와 발전	1. 지역사회 참여
	2. 교육과 문화
	3. 고용 창출과 기능 개발
	4. 기술개발과 접근성
	5. 부와 소득 창출
	6. 보건
	7. 사회적 투자

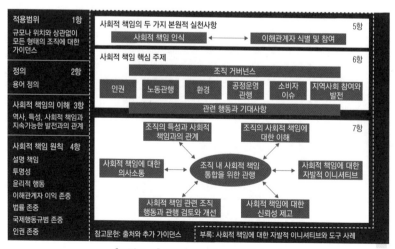

[그림 5-7] ISO26000 구성체계 (출처: ISO)

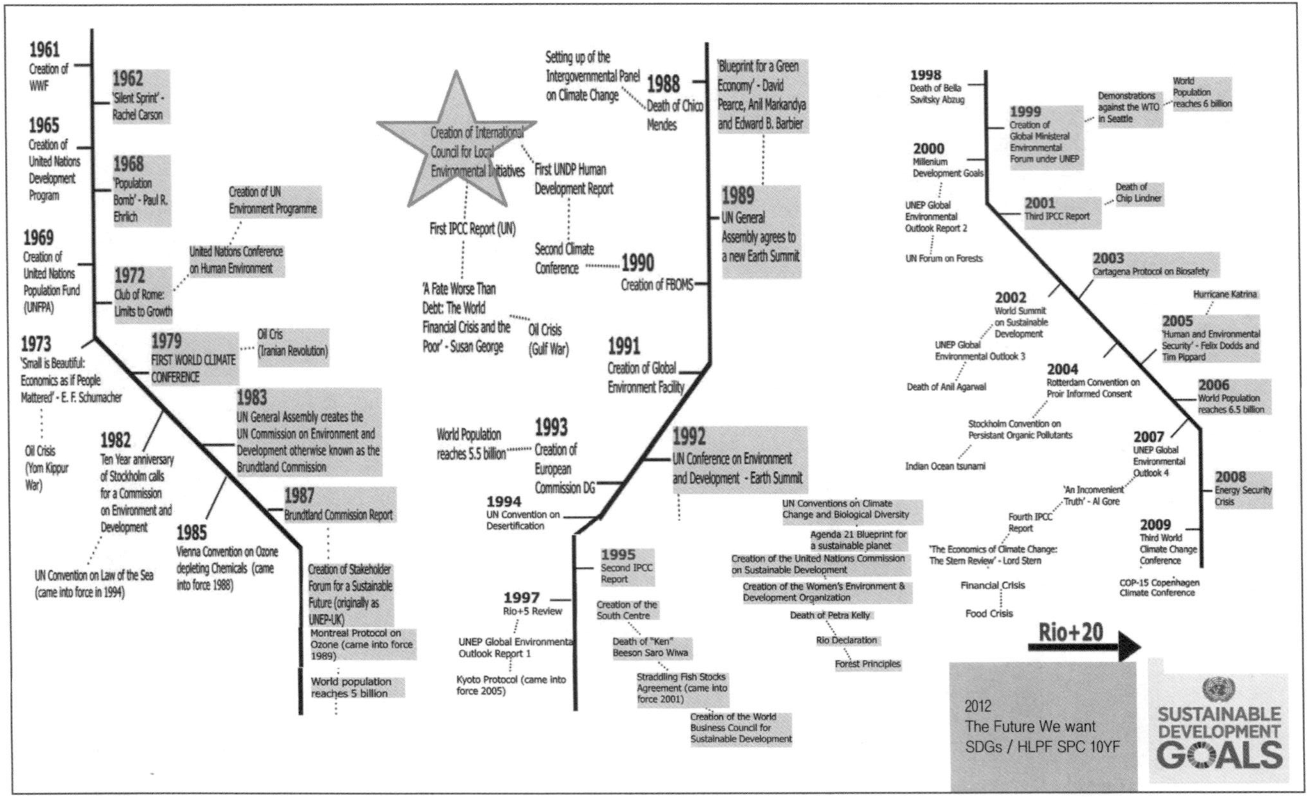

[그림 5-8] 지속가능성 담론은 어떻게 발전했나

1961 Creation of WWF

1962 Silent Spring - Rachel Carson

1965 Creation of United Nations Development Program

1966 Population Bomb - Paul R. Ehrlich

1969 Creation of United Nations Population Fund (UNFPA)

1972 Club of Rome: Limits to Growth

United Nations Conference on Human Environment

Creation of UN Environment Programme

1973 Small is Beautiful: Economics as if People Mattered - E. F. Schumacher

Oil Crisis (Yom Kippur War)

UN Convention on Law of the Sea (came into force in 1994)

1979 FIRST WORLD CLIMATE CONFERENCE

Oil Crisis (Iranian Revolution)

1982 Ten Year anniversary of Stockholm calls for a Commission on Environment and Development

1983 UN General Assembly creates the UN Commission on Environment and Development otherwise known as the Brundtland Commission

1985 Vienna Convention on Ozone depleting Chemicals (came into force 1988)

1987 Creation of Stakeholder Forum for a Sustainable Future (originally as UNEP-UK)

Montreal Protocol on Ozone (came into force 1989)

Brundtland Commission Report

World population reaches 5 billion

Creation of International Council for Local Environmental Initiatives

First IPCC Report (UN)

First UNDP Human Development Report

Second Climate Conference

Setting up of the Intergovernmental Panel on Climate Change.

Death of Chico Mendes

1988 Blueprint for a Green Economy - David Pearce, Anil Markandya and Edward B. Barbier

1989 UN General Assembly agrees to a new Earth Summit.

1990 Creation of EKONS

1991 Creation of Global Environment Facility

A Fate Worse Than Debt: The World Financial Crisis and the Poor - Susan George

Oil Crisis (Gulf War)

World Population reaches 5.5 billion

1993 Creation of European Commission D/G

1994 UN Convention on Desertification

1992 UN Conference on Environment and Development - Earth Summit

UN Conventions on Climate Change and Biological Diversity

Agenda 21 Blueprint for a sustainable planet

Creation of the United Nations Commission on Sustainable Development

Creation of the Women's Environment & Development Organization

Death of Petra Kelly

Rio Declaration

Forest Principles

Creation of the World Business Council for Sustainable Development

UNEP Global Environmental Outlook Report 1

Kyoto Protocol (came into force 2005)

1997 Rio+5 Review

1995 Second IPCC Report

Creation of the South Centre

Death of 'Ken' Beison Saro Wiwa

Straddling Fish Stocks Agreement (came into force 2001)

1998 Death of Bella Switsky Abzug

UN Forum on Forests

UNEP Global Environmental Outlook 2

2000 Millennium Development Goals

1999 Creation of Global Ministerial Environmental Forum under UNEP

Demonstrations against the WTO in Seattle

World Population reaches 6 billion

Death of Chip Lindner

Indian Ocean tsunami

Stockholm Convention on Persistent Organic Pollutants

UNEP Global Environmental Outlook 3

2002 World Summit on Sustainable Development

2001 Third IPCC Report

2003 Cartagena Protocol on Biosafety

Death of Anil Agarwal

Rotterdam Convention on Prior Informed Consent

2004 Fourth IPCC Report

'An Inconvenient Truth' - Al Gore

Hurricane Katrina

2005 Human and Environmental Security - Felix Dodds and Tim Pigasrd

2007 UNEP Global Environmental Outlook 4

The Economics of Climate Change: The Stern Review - Lord Stern

Financial Crisis

Food Crisis

2006 World Population reaches 6.5 billion

2008 Energy Security Crisis

2009 Third World Climate Change Conference

COP-15 Copenhagen Climate Conference

Rio+20

2012 The Future We want SDGs / HLPF SPC 10YF

SUSTAINABLE DEVELOPMENT GOALS

(출처: www.earthsummit2012.org)

범이 존재하는 가운데 ISO26000은 세계인권선언, 국제노동기구(ILO) 협약, 기후변화협약, 유엔글로벌콤팩트 등의 국제 지침을 총망라한 종합판이자 최상위 표준인 셈이다. 그러나 전술한 대로 사실상 국제표준의 기능을 수행하지만, 실제 표준은 아니고 참고자료로 제시된다. 즉 ISO26000은 사회책임에 관하여 공통적이고 포괄적인 이해를 도울 뿐 인증 규격이 아니다.

일종의 방법론으로, 80여 개 국가에서 국가별 정치, 경제, 사회, 환경, 문화적 여건에 맞추어 ISO26000을 활용하고 있다. 자발적인 이행을 유도하는 지침표준(Guidance Standard)이자, 강제력이 없고 인증하지도 않는 이러한 ISO26000에 약간의 변화가 있다. 경영시스템에서 사회책임의 중요성이 더 커지고 인증 요구가 많아지면서 ISO26000을 경영시스템에 접목하여 포괄하거나 인증의 기반으로 사용하는 사례가 많아지고 있다.

SDGs의
"Leave no one behind"

지속가능발전은 살펴본 대로 1987년 유엔의 세계환경개발위원회(WCED)에서 발간한 〈우리 공동의 미래〉에서 정식화했다. 생태환경이 더 훼손되지 않고, 미래세대의 삶의 질을 낮추지 않는 수준에서 이뤄지는 발전이 지속가능발전이다.

1992년 리우회의(Rio Summit)에서 '리우선언'과 세부 행동강령이 담긴 '의제 21(Agenda 21)'이 채택되고, 2000년 열린 55차 유엔 새천년 정상회의에서 '새천년 개발목표(MDGs, Millennium Development Goals), 2002년 지속가능발전 세계정상회의(WSSD, World Summit on Sustainable Development)에서 '요하네스버그 선언'이 나오면서 지속

[그림 5-9] 지속가능 발전의 5P (출처: 유엔)

가능성에 관한 지구촌의 논의와 결의는 확대되었다. 2012년 6월 리우회의(흔히 '리우+20'이라고 부른다)를 거쳐, 2015년 제70차 유엔 총회에서 결의된 지속가능발전목표(SDGs)는 MDGs를 계승하여 2016~2030년 국제사회의 발전목표를 제시했다.[10]

2015년 9월 유엔 총회에서 192개 회원국 만장일치로 채택된 SDGs는 2016년 1월 1일 발효되었으며 17개 목표와 169개 세부 목표로 구성되어 사회적 포용, 경제 성장, 지속가능한 환경의 3대 분야를 유기적으로 아우른다.[11] SDGs는 '2030 지속가능발전 의제'라고도 불리며 '단 한 사람도 소외되지 않는 것(Leave no one behind)'이라는 슬로건을 제시한다.

SDGs를 통해 회원국들은 2030년까지 모든 곳에서 빈곤과 기아를 종식하고, 국내와 국가 간 불평등을 해소하며, 평화롭고 공정하며 포용적인 사회를 건설하고, 인권을 보호하고 성평등을 촉진하며 여성과 소녀의 역량을 강화하고, 지구와 천연자원의 영구적 보호·보장을 결의했다. SDGs 의제는 유엔 헌장의 목적과 원칙을 따르며, 세계인권선언, 국제인권조약, 새천년 선언(Millennium Declaration) 및 2005년 세계 정상회담(2005 World Summit) 결과에 기반을 둔다. 해결해야 할 문제들이 서로 연결되어 있기에 SDGs 또한 상호 밀접하게 연결되어 있으며 중첩되는 요소를 포함한다.

MDGs(2001~2015년)와 달리 SDGs는 국내외 구분이 없이 선진국·개발도상국·저개발국을 포함한 모든 국가를 대상으로 한 포괄적인 세계 범위의 의제다.[12] SDGs는 경제성장, 사회개발, 환경보존을 포함한 방대한 의제를 설정하고 있으며, 개도국과 선진국이 모두 참여하는 전지구적 파트너십을 지향한다. 구체적 이행수단, 강력한 후속조치와 평가 시스템을 가지고 있다는 점에서 기존의 MDGs와 차별점을 가진다.[13]

[그림 5-10] 제70차 유엔 총회에서 결의된 지속가능발전 목표[12]

 지속가능발전 목표 세부 내용

1. 모든 곳에서 모든 형태의 빈곤 종식
2. 기아 종식, 식량안보 달성, 개선된 영양상태의 달성과 지속가능한 농업 강화
3. 모든 연령층을 위한 건강한 삶 보장과 웰빙 증진
4. 포용적이고 공평한 양질의 교육 보장과 모두를 위한 평생학습 기회 증진
5. 성평등 달성과 모든 여성 및 여아의 권익 신장
6. 모두를 위한 물과 위생의 이용가능성과 지속가능한 관리 보장
7. 모두를 위한 적정가격의 신뢰할 수 있고 지속가능하며 현대적인 에너지에 대한 접근 보장
8. 지속적, 포용적, 지속가능한 경제 성장, 완전하고 생산적인 고용과 모두를 위한 양질의 일자리 증진
9. 회복력 있는 사회기반시설 구축, 포용적이고 지속가능한 산업화 증진과 혁신 도모
10. 국내 및 국가 간 불평등 감소
11. 포용적이고 안전하며 회복력 있고 지속가능한 도시와 주거지 조성
12. 지속가능한 소비와 생산 양식의 보장
13. 기후변화와 그로 인한 영향에 맞서기 위한 긴급 대응
14. 지속가능발전을 위하여 대양, 바다, 해양자원의 보전과 지속 가능한 이용
15. 육상생태계 보호, 복원 및 지속가능한 이용 증진, 지속가능한 산림 관리, 사막화 방지, 토지황폐화 중지와 회복, 생물다양성 손실 중단
16. 지속가능발전을 위한 평화롭고 포용적인 사회 증진, 모두에게 정의 보장과 모든 수준에서 효과적이고 책임성 있으며 포용적인 제도 구축
17. 이행 수단 강화와 지속가능발전을 위한 글로벌 파트너십 재활성화

[표 5-3] SDGs의 주제별 분류[14]

주제		SDGs 목표(세부 목표 수)
빈곤(2목표, 15세부목표)		1. 빈곤퇴치(7)
		2. 기아해소와 식량안보(8)
사회발전 (5목표, 54세부목표)	보건	3. 보건증진(13)
	교육	4. 교육 보장과 평생학습(10)
	여성	5. 성평등과 여성역량 강화(9)
	사회/안보	10. 불평등 해소(10)
		16. 평화로운 사회와 제조(12)
환경 (7목표, 61세부목표)	자연/자연환경	7. 에너지(5)
		13. 기후변화(5)
		14. 해양생태계(10)
		15. 육상생태계(12)
	정주환경	6. 물과 위생(8)
		11. 도시와 인간정주(10)
		12. 지속가능한 소비와 생산(11)
경제성장(2목표, 20세부목표)		8. 경제성장과 일자리(12)
		9. 인프라와 산업화(8)
이행수단(1목표, 19세부목표)		17. 이행수단과 글로벌 파트너십(19)

SDGs는 그 범위가 굉장히 넓고 측정지표가 방대하여 유엔은 SDGs와 관련한 활동을 유엔 경제사회이사회 산하 유엔 통계위원회에 권한을 위임했다. 유엔 통계위원회는 다시 'SDGs 지표전문

[그림 5-11] K-SDGs (출처: 환경부)

비전	포용과 혁신을 통한 지속가능 국가 실현			

전략	사람	번영	환경	평화/협력
	사람이 사람답게 살 수 있는 포용사회	혁신적 성장을 통한 국민의 삶의 질 향상	미래세대가 함께 누리는 깨끗한 환경	지구촌 평화와 협력 강화

| K-SDGS 17개 목표 | [목표 1]
빈곤층 감소와 사회안전망 강화

[목표 2]
식량안보 및 지속가능한 농업 강화

[목표 3]
건강하고 행복한 삶 보장

[목표 4]
모두를 위한 양질의 교육

[목표 5]
성평등 보장

[목표 11]
지속가능한 도시와 주거지 | [목표 8]
좋은 일자리 확대와 경제성장

[목표 9]
산업의 성장과 혁신 활성화 및 사회 기반시설 구축

[목표 10]
모든 종류의 불평등 해소

[목표 12]
지속가능한 생산과 소비 | [목표 6]
건강하고 안전한 물관리

[목표 7]
에너지의 친환경적 생산과 소비

[목표 13]
기후변화와 대응

[목표 14]
해양생태계 보전

[목표 15]
육상생태계 보전 | [목표 16]
평화·정의·포용

[목표 17]
지구촌 협력 강화 |

가그룹(IAEG-SDGs, Inter-Agency and Expert Group on SDG Indicators)'
과 '통계역량 강화·조정·파트너십을 위한 고위그룹(HLG-PCCB,
High Level Group for Partnership, Coordination and Capacity-Building for

Statistics for the 2030 Agenda for Sustainable Development)'을 창설해 SDGs의 이행과 지표개발을 지원하고 있다.[15]

한국 정부는 글로벌 정책 협조, 개발도상국의 SDGs 이행 지원, 국내 정책 수립과 거버넌스 체계 구축 등 지속가능발전목표를 위한 계획과 이행체계를 수립했다.[16] 우리나라는 "국가 지속가능발전목표(K-SDGs)"라는 명칭으로 '모두를 포용하는 지속가능국가'라는 한국형 SDGs의 비전을 내걸었다.

'지평의 비극'을 넘어서야 한다

필자가 지속가능성 세계에 처음으로 관여한 시기는 2007년이었다. ESG사회와 동의어인 지속가능사회가 당시 새로운 시대담론으로 급부상하던 시기여서 바야흐로 '패러다임 시프트'가 현실화할 것으로 기대됐다. 그러나 대한민국 17대 대통령 이명박의 취임(2008년 2월 25일)과 직전에 터진 서브프라임 모기지 사태가 맞물리면서 분위기가 돌변했다. 2007년에 서브프라임 모기지 사태가 터지자 당시 기업의 사회적 책임(CSR)을 주축으로 지속가능사회 의제를 발굴하고 시장에 압박을 가하던 필자를 포함한 '책임과 지속가능성' 분야의 많은 사람이 분위기의 급변을 체험했다. 서브프라임 모기지 사태 전까지 지속가능사회의 방향으로 어렵사리 변화가 시작되고 긍정적인 신호가 늘어났지만 사태가 발발하며 경제가 나빠지자 모든 변화가 중단되고 과거로 회귀했다. 지속가능성(sustainability)이란 말은 일거에 생존가능성(survivability)으로 대체되고 말았다.

지금은 상황이 달라진 듯하다. 진정성에 차이가 있겠지만 누구도 지속가능성을 한가한 담론으로 받아들이지 않는다. 기후위기가 현실화하고 인류문명의 한계가 곳곳에서 드러나면서 지속가능성은 그 함의에 부합하게 생존가능성을 포함한 용어로 사용된다.

따라서 지속가능성과 생존가능성이 별개가 아니게 된다. 지속가능성의 위기는 지구의 위기이자 인류의 위기이며, 지속가능성의 위기를 넘어서지 못한다면 인류의 장래는 매우 암담하다. 지속가능성을 도외시한 생존가능성은 형용모순이며 지금의 생존을 배제한 지속가능성 또한 성립하지 않는다.

지속가능사회 혹은 ESG사회의 핵심이 기후위기 대응이라는 데는 이견이 있을 수 없다. 2015년 〔파리기후변화협약〕은 지구 표면 평균온도 상승폭을 산업화 이전 대비 2℃ 이하로 유지하고, 더 나아가 온도 상승폭을 1.5℃ 이하로 제한하기 위해 함께 노력하기로 합의했다. 〔파리기후변화협약〕 시대가 열리면서 지속가능성과 생존가능성은 명실상부하게 별개 사안이 아니라 하나의 주제가 됐다.

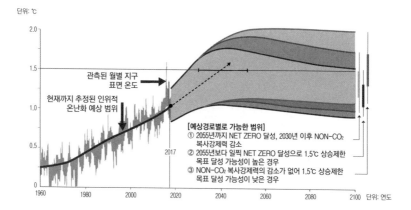

단위: ℃

관측된 월별 지구 표면 온도

현재까지 추정된 인위적 온난화 예상 범위

2017

[예상경로별로 가능한 범위]
① 2055년까지 NET ZERO 달성, 2030년 이후 NON-CO₂ 복사강제력 감소
② 2055년보다 일찍 NET ZERO 달성으로 1.5℃ 상승제한 목표 달성 가능성이 높은 경우
③ NON-CO₂ 복사강제력의 감소가 없어 1.5℃ 상승제한 목표 달성 가능성이 낮은 경우

단위: 연도

온실가스는 크게 이산화탄소(CO_2)와 '이산화탄소가 아닌 대기오염 물질(Non-CO_2)' 가스로 구분하여 규제하는데, CO_2의 누적배출량과 미래 Non-CO_2 가스의 복사강제력에 따라 지구 표면 평균온도 상승제한 목표(1.5℃) 달성 확률이 결정된다. 복사강제력은 지구로 입사되는 복사에너지와 지구 밖으로 방출되는 복사에너지의 차이다. 지구로 입사되는 에너지가 방출량보다 더 클 때 '양의 복사강제력'이 발생하여 지구 온도가 상승하고, 반대로 복사강제력이 음이면 지표면 온도가 하강한다. 일반적으로 이산화탄소 등 온실가스 배출이 증가하면 지구 복사에너지가 대기에 더 많이 흡수되고 밖으로 방출되는 양이 감소한다. 이에 따라 양의 복사강제력이 발생하며 지구의 온도가 올라간다. 반면 황산화물 등 대기 오염 물질이 대기 중에 증가하면 입사하는 태양 복사에너지를 더 많이 반사해 방출 에너지가 더 커진다. 음의 복사강제력을 발생시켜 온실가스에 의한 지구 온도 상승을 일부 상쇄하게 된다.

[그림 5-12] 산업화 이전(1850~1900년) 대비 지구 표면 평균온도 상승 예상 시나리오 (모든 시나리오가 2040년에 이미 1.5℃를 넘어설 것을 가리키고 있다.)

(출처: IPCC 6차 보고서, 2021년)

기후위기 시뮬레이션으론 2℃ 목표를 달성하는 게 결코 쉬운 일이 아니며 자칫 6℃까지 이를 수 있다는 암울한 전망이 나온다. 이 재앙의 시나리오는 예측과 가정에 근거한 것이기에 반대로 얼마든지 낙관적 전망이 가능하다. 그러나 현재 국제사회의 상황과 거버넌스를 볼 때 부정적 시나리오가 현실화할 가능성이 훨씬 더 커 보인다. 4차산업혁명을 거치며 진화의 최종 단계에 접어든 인류가 다음 단계로 나아가지 못하고 멸종하는, 인류의 최후 단계가 되는 궁극의 비극을 모면하지 못하리란 비관적 전망.

인류가 혼수상태에서 깨어나 다른 트랙을 찾아내어 비관적 전망을 극복하는 다른 시나리오는 불가능할까. 경로를 바꿀 힘이 있는 대다수의 사람은 기존 트랙에서 내리기를 싫어하고, 설령 내리고 싶은 마음이 있다 해도 지금 당장은 옮아갈 새로운 트랙의 행태가 모호하기에 비관적 전망을 넘어서기는 정말로 쉬운 일이 아니다.

탈원자력·탈석탄과 연결된 신재생에너지 체제를 근간으로 한 그린뉴딜를 통해 파괴적이고 약탈적인 경제체제를 보전과 상생의 새로운 사회체제로 이행해야 한다는 원칙은, 외형상 절대적 지지를 받고 있지만 새로운 체제로 이행하는 데 필요한 각론은 미비하다. 새 힘은 미약하고 옛 힘은 여전히 강성한데, 주어진 시간은 짧다. 새로운 원칙과 이상을 실현할 확고한 기술적·정치적 인프라가 아직은 없다. 따라서 낙관론은 현 시스템이 가진 저항을 과소평가하고 세상을 바꿀 힘을 과대평가함으로써 가능하다.

　낙관론은 얼핏 대항 논리로 보이는 근대주의를 연장하는 것에서도 모색될 수 있다. '포스트 이데올로기'로도 불리는 솔루셔니즘(Solutionism)은 기술이 모든 사회적 문제를 해결할 수 있다는 (비교적) 확고한 믿음에 근거한다. 근대주의의 최신판인 셈이다. 솔루셔니즘은 자본주의가 만든 많은 문제를 해결하면서 동시에 세계화한 자본주의를 계속 작동하기 위해 이른바 '실용적'이라고 여겨질 합당한 해법을 제시하고 실행을 권유한다.

　솔루셔니즘을 포함하여 현 체제가 기후위기를 극복하기에 적합하지 않음은 지평(地坪, horizon) 문제에서도 포착된다. '지평의 비극(The Tragedy of the Horizon)'은 2015년 9월 당시 영란은행 총재였던 캐나다 출신 경제학자 마크 카니(Mark Carney)가 제안한 용어이다. 카니는 "환경경제학에서 대표적인 문제가 '공유지의 비극(The Tragedy of the Commons)'이었다면 기후변화에서는 '지평의 비극'이 된다(Climate change is the Tragedy of the Horizon)"라고 말했다.

　'지평의 비극'을 이해하기 위해서는 주기(cycle)와 지평(혹은 시야)을 먼저 파악해야 한다. 비즈니스와 정치가 내다보는 의사결정의 주기는 2~3년에 불과하고 재정안정과 관련되어 봤자 이보다 조금 더 긴 정도다. 테크노크라트의 통제를 받는 각국의 중앙은행 등 정부 당국 또한 각종 규정에 속박되어 있어 (금융)정책 등을 펼치는 지평(horizon)이 좁다. 기후변화, 혹은 기후위기는 이 지평 너머에 위치하기 때문에 각국과 세계가 효과적으로 대처할 수 없다는 설명이다. 만일 기후변화가 당국에 의해 재정 및 금융 안정의 요소로 파악되기 시작했다면 그때는 이미 너무 늦어버린 때가 된다는 게 카니의 설명이다.

카니의 지적대로 기후변화와 기후위기의 지평은 수백 년에 걸쳐지지만, 자본주의와 민주주의를 근간으로 한 한국 등 근대국가의 정책은 불과 몇 년을 내다본다. 정책 일관성을 담보할 가장 강력한 안전장치라고 할 대통령의 임기는 한국을 예로 들면 기껏 5년이다.

여기서 '지평의 비극'과 함께 이른 바 '글로벌 거버넌스'의 한계가 문제 해결을 어렵게 만든다는 얘기를 하지 않을 수 없다. 세계는 대한민국, 일본, 스페인, 나이지리아, 콜롬비아 등 국민국가로 분할되어 있고 각각의 국민국가는 배타적 영토 안에서 배타적 권

공유 녹지에서 양을 키워 소득을 내는 마을에서 주민들이 자신들의 사유 녹지를
아껴둔 채 한정된 공유지에 더 많은 양을 키워 개인소득을 더 내려고 하자,
공유지가 황폐화하여 마을 전체로 손해를 보게 된다.

[그림 5-13] 공유지의 비극

력, 혹은 주권을 행사한다. 한데 현재 인류를 덮친 문제는 국민국가 범위를 벗어나 전 세계적으로 작동한다. 참치와 마찬가지로 온실가스는 국경 내에 머물지 않는다. 온실가스를 많이 배출한 국가나 적게 배출한 국가나 대체로 평균 수준의 피해를 본다. 위기는 글로벌한데 대처가 국민국가 차원에서 이뤄지다 보니 제대로 된 대응이 어렵다. 각국은 지구보다는 항상 자국과 자국민을 우선한다. 유엔과 같은 사교클럽이 아닌 명실상부한 세계정부가 없는 한 이 비대칭으로 인한 난관은 결코 해결되지 않는다.

'지평의 비극'이 시간축 상의 문제라면, '글로벌 거버넌스'는 공간축 상의 문제다. 두 축이 상호 간섭하여 문제를 난마처럼 꼬아버리고 있다.

밀턴 프리드먼은 "비즈니스의 목적은 이익이다(The Business of Business is Business)"라고 말했다. 이 말을 정확하게 해석하면 자본주의에서 영리기업의 이익은 사회와 지구의 이익을 무시하고, 때로 훼손하고 약탈하면서 자신의 이익을 추구하는 것이라고 바꿔야 한다. 영리기업 외 다른 주체에서도 정도의 차이만 있을 뿐 "The Business of Business is Business"는 유효한 듯하다. 현 인류의 존재 방식이 지평의 차이를 공공연하게 받아들임으로써 약탈과 훼손을 용인하는 것이기에 그러하다.

지속가능사회, 혹은 ESG사회는 기후위기를 슬기롭게 극복하면서 평화롭고 평등한, 그리고 자유롭고 번성하는 사회를 지향한다고 할 때 많은 것이 획기적으로 바뀌어야 하겠지만 무엇보다 지평의 차이를 조정하는 것에 집중할 필요가 있다. 또한 국제정치에서 개별국가가 아닌 인류 공동의 미래라는 인식이 작동하도록 해야 한다. 기후위기는 정치 문제이며, 그렇다면 기후위기의 극복도 정치의 문제다. 그러므로 ESG는 투자용어에서 비롯했지만, 더는 투자영역에 국한하지 않고 전면적인 정치와 급진적 운동의 용어가 되어야 한다.

'지평의 비극'을 넘어서기 위해 프리드먼의 말을 다음과 같이 바꿔 쓸 수 있지 않을까.

"The Business of All Business is Value."

5장 미주

1 Lewis, S.(2009, July 23). "A force of nature: our influential Anthropocene period.". The Guardian.

2 커밀라 로일 (2020). 『마르크스주의와 인류세』 (장호종 역). 마르크스 21 (37). (pp 10~14).

3 Smith는 경제학의 아버지이자, 시장 자유주의의 비조라는 명성을 누리고 있지만, 이러한 명성은 사실은 Bernard de Mandeville(1670~1733)에게 돌아가야 한다는 견해도 있다. Mandeville의 문제작 〈Fable of the Bees〉 부제가 "Private Vices, Public Benefits"임을 기억한다면, Smith는 Mandeville의 영감을 재해석했다고 볼 수 있다. 현대 신자유주의의 원조는 Mandeville인 것이다.

4 러셀 스팍스(2007). 『사회책임투자』 (넷임팩트코리아 역). 홍성사. (PP 69~70)

5 칼 마르크스(1991). 『자본론 I 』 (김수행 역). 비봉출판사.

6 한국증권법학회. "김갑래". (2012). [기업의 사회적 책임에 관한 미국 판례 분석: 한국에 대한 정책적 시사점]. 증권법연구 13(1). (pp 8~11).

7 세계환경발전위원회(2005). 『우리 공동의 미래』(조형준 & 홍성태 역). 새물결.

Sustainable development is development that meets the needs of the present without compromising the ability of future generations to meet their own needs. It contains within it two key concepts : the concept of 'needs', in particular the essential needs of the world's poor, to which overriding priority should be given; and the idea of limitation imposed by the technology and social organization on environment's ability to meet present and future needs.

8 같은 홈페이지. (10대 원칙). "2022년 2월 28일 확인"

9 국제표준화기구(ISO) 홈페이지(www.iso.org)(ISO 26000 and SDGs.) "2022년 2월 28일 확인"

10 유엔통계청 홈페이지(unstats.un.org)(The Sustainable Development Report 2021). "2022년 2월 28일 확인"

11 유엔글로벌콤팩트 한국협회 홈페이지(unglobalcompact.kr)(지속가능발전목표(SDGs). "2022년 2월 28일 확인"

12 국가 지속가능발전 포털 홈페이지(ncsd.go.kr)(국가 지속가능발전목표(K-SDGs) 종합 정보 시스템) "2022년 2월 28일 확인"

13 한국지역정보개발원. "권일한 & 백승호". (2016). [세상 속으로 : 해외동향 ; SDG`s(지속가능개발목표)의 이해와 지역정보화]. 지역정보화 96(0). (pp 104~109).

14 한국국제협력단. "홍은경". (2016). [SDG 최종 지표 내용과 이행의 실제].국제개발협력 (2). (pp 20).

15 충북대학교 국제개발연구소. "현민". (2019). [UN 지속가능발전목표의 한국 국제개발협력에의 연계: 지속가능발전목표 17의 이행수단을 중심으로]. 사회적경제와 정책연구 9(3). (pp 189~192).

16 한국행정연구원. "박정호, 정소윤 & 김은주". (2017). [지속가능발전목표 이행 실태 분석 및 개선방안 연구]. 기본보고서.

찾아보기

A~P

AI4SG 71

Anthropocene 245, 297

Carbon Negative 115

CERES Principles 268

Corporate Citizen 261

Corporate Responsibility 70, 257, 261

Cotton Campaign 101, 157

Creating Shared Value 77, 79, 154

Credo of Corporate Responsibility 257

CSR 12, 39, 64, 74, 78, 153, 154, 156, 180, 255, 256, 257, 262, 263, 271, 274, 278, 289

CSV 11, 77, 79, 80, 81

DBL 96

Double Hull Structure 267

Emissions Trading 269

ESG경영 33, 39, 45, 46, 191

ESG워싱 185

ESG투자 33, 37, 39, 45, 46

full cost accounting 235

GATT 226

Get IT Together 92

Google AI Impact Challenge 73

GRI 183

ISO26000 13, 39, 269, 277, 278, 279

ISO37001 278

K-ESG 191, 192

K-RE100 129

K-SDGs 287, 288, 298

LCA 237

Mark Carney 293

MDGs 282, 284

Natick 117

Our Credo 63, 68, 153

Paul Crutzen 245

Pigue Tax 212

Pioneer Fund 172

PPMs 233

Process & Production Methods 233

찾아보기

R~Z

RAIN 57

Replenish Africa Initiative 57

SDGs 39, 191, 280, 283, 284, 286, 287,
   288, 297, 298

Seaspiracy 229

SMSI 70

Solutionism 293

SRI 32, 35, 169, 256

SROI 92

Stakeholder 271

Sustainability 79, 162, 238

TBL 272

Technofossil 249

Triple-Bottom Line 272

UNGC 173, 275, 276

Valdez Principles 268

Water Zero 80

World without Waste 58

WWF 17, 47, 56

가~다

가이아이론 254

건전한 기업시민 260

공유가치창출 77, 79

공유지의 비극 293

구글 AI 임팩트 챌린지 73

국가 지속가능발전목표 288, 298

기술화석 249, 250

기업시민 12, 259, 260, 261, 262, 263, 275

기업의 사회적 책임 39, 64, 74, 78, 180,
   255, 258, 271, 289

기업책임 69, 261

기업책임강령 257

기후변화 6, 54, 193, 279, 286, 294

나틱 프로젝트 117

네스카페 플랜 80

네슬레의 CSV 79, 81

닭세 12, 245, 250

돈의 사용법 169, 171, 256

'돌고래 안전' 라벨 227, 228, 229, 234

라~아

래리 핑크 157

리스크 관리 151

리우선언 275, 282

마크 카니 293

맬서스 201, 202, 203, 204

맬서스 트랩 202, 203, 204

물제로 80

밸디즈 원칙 268

블랙록 36, 37, 157, 193

비용편익분석 198, 210

사회책임투자 32, 35, 169, 172, 177, 181, 182, 193, 256, 297

생존가능성 290

성장의 한계 5, 6, 254, 264, 265, 274

세계자연기금 17, 56

세리즈 원칙 268

솔루셔니즘 292

스웨트샵 234

신생대 246, 252

신탁윤리 257

쓰레기 없는 세상 58

아데스병 59

외부효과 12, 205, 207, 210, 211, 214, 234

요하네스버그 선언 282

우리 강산 푸르게 푸르게 11, 74

우리 공동의 미래 178, 264, 266, 267, 268, 275, 282, 297

우리의 신조 63, 64, 68

유엔 글로벌콤팩트 275

이중선체 구조 267

이해관계자 271, 279

인류세 12, 245, 246, 247, 248, 249, 250, 251, 252, 253, 254, 255, 297

찾아보기

자~하

전과정평가 237

전부원가회계 235

제조공정방법 233

존슨앤존슨 68, 152, 153

존 웨슬리 170

좋은 사회를 위한 AI 71

죄악의 주식 172, 176

지배구조 30, 34, 35, 103, 176, 188, 192,
  277, 278

지속가능경영 39, 177, 180, 183, 262, 272

지속가능발전 265, 267, 274, 282, 283, 285,
  298

지속가능성 78, 79, 80, 238, 263, 280, 289,
  290

지속가능투자 35

지평의 비극 13, 43, 289, 293, 294, 295,
  296

책임투자원칙 169, 173, 176

침묵의 봄 254, 265

캐롤의 CSR 피라미드 262, 263

코즈의 정리 12, 205, 209, 210, 211, 214

코코아 협약 218

코튼 캠페인 101

탄소 네거티브 11, 114, 115, 125

탄소세 115

트리플버틈라인 272

파이어니어 펀드 172

팍스 월드 펀드 172

폴 크뤼천 245

피구세 212

핀토 메모 198, 199, 206, 210, 214, 215

한국형 RE100 129

호모 사피엔스 12, 245, 248, 249, 250, 254

호모 이코노미쿠스 12, 205, 206

환경경영 58, 192

환경손익계산서 93, 94

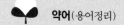
약어(용어정리)

BCI	Better Cotton Initiative	더 나은 면화 계획
CBP	Customs and Border Protection	관세국경보호청
CDP	Carbon Disclosure Project	탄소정보공개프로젝트
CEO	Chief Executive Officer	최고경영자
CSO	Corporate Social Opportunity	기업의 사회적 기회
CSO	Chief Sustainability Officer	최고지속가능성책임자
CSP	Corporate Social Performance	기업의 사회적 성과
CSR	Corporate Social Responsibility	기업의 사회적 책임
CSRD	Corporate Sustainability Reporting Directive	기업 지속가능성보고지침
CSV	Creating Shared Value	공유가치창출
DBL	Duble-Bottom Line	더블버틈라인
EFRAG	European Financial Reporting Advisory Group	유럽재무보고자문그룹
ET	Emissions Trading	배출권거래
FAO	Food and Agriculture Organization	식량농업기구
FBI	Federal Bureau of Investigation	연방수사국
FCA	Full Cost Accounting	전부원가회계
FDA	Food and Drug Administration	식품의약국
FLA	Fair Labor Association	공정노동협회
FWS	Fish and Wildlife Service	어류 및 야생동물관리국
GATT	General Agreement on Tariffs and Trade	관세 및 무역에 관한 일반 협정

약어(용어정리)

GDP	Gross Domestic Product	국내총생산
GNH	Gross National Happiness	국민총행복
GPI	Genuine Progress Indicator	참진보지수
GREMM	Group for Research and Education on Marine Mammals	
		해양포유류 연구 및 교육 그룹
GVC	Global Value Chain	글로벌 가치 사슬
IATTC	Inter-American Tropical Tuna Commission	
		미주열대참치위원회
IC	Internal Control	내부통제
ICGN	International Corporate Governance Network	
		국제기업지배구조네트워크
IIED	International Institute for Environment and Development	
		환경과 개발을 위한 국제연구소
ILO	International Labour Organization	국제노동기구
IMF	International Monetary Fund	국제통화기금
IMO	International Maritime Organization	국제해사기구
ISO	International Organization for Standardizatio	
		국제표준화기구
IUCN	International Union for Conservation of Nature	
		세계자연보전연맹
LCA	Life-Cycle Assessment	전과정평가
MDGs	Millennium Development Goals	새천년개발목표

NFRD	Non-Financial Reporting Directive	비재무보고지침
NMML	National Marine Mammal Laboratory	국립 해양포유류 연구소
NOAA	National Oceanic and Atmospheric Administration	
		미국 국립 해양대기청
NREL	National Renewable Energy Laboratory	국립신재생에너지연구소
NSIDC	National Snow and Ice Data Center	국립 빙설자료센터
PCAOB	Public Company Accounting Oversight Board	
		회계감독위원회
PRI	Principles for Responsible Investment	책임투자원칙
RI	Responsible Investment	책임투자
ROA	Regenerative Organic Alliance	되살림 유기농 연대
ROC	Regenerative Organic Certification	되살림 유기농 인증
ROI	Returen On Investment	투자수익률
RVC	Regional Value Chain	지역별 가치 사슬
SASB	Sustainability Accounting Standards Board	
		지속가능성회계기준심의회
SDGs	Sustainable Development Goals	지속가능발전목표
SFDR	Sustainable Finance Disclosure Regulation	
		지속가능금융 공시 규제
SRI	Socially Responsible Investment	사회책임투자
SROI	Social Returen On Investment	사회적 투자수익률
TBL	Triple-Bottom Line	트리플버틈라인

약어(용어정리)

UNDP	United Nations Development Programme 유엔개발계획
UNEP	United Nations Environment Programme) FI(Finance Initiative
	유엔환경계획
UNGC	UN Global Compact 유엔글로벌콤팩트
UNGPs	United Nations Guiding Principles on Business and Human Rights
	유엔 기업과 인권 이행원칙
USAID	United States Agency for International Development
	미국 국제개발처
USDA	United States Department of Agriculture 미국 농무부
VER	Voluntary Emissions Reductions 자발적 탄소 배출권
WSSD	World Summit on Sustainable Development
	지속가능발전세계정상회의
WTO	The World Trade Organization 세계무역기구
WUI	World Uncertainty Index 세계불확실성 지수
WWF	World Wide Fund for Nature 세계자연기금

청소년을 위한 ESG

지금 우리가 해야 할 최소한의 일

지은이 | 안치용
펴낸곳 | 마인드큐브
펴낸이 | 이상용
책임편집 | 홍원규
디자인 | SNAcommunications(서경아, 남선미)

출판등록 | 제2018-000063호
이메일 | viewpoint300@naver.com
전화 | 031-945-8046
팩스 | 031-945-8047

초판 1쇄 발행 | 2022년 8월 16일
    5쇄 발행 | 2024년 9월 25일

ISBN | 979-11-88434-62-6(43320)